経営者との対話&可否判断の理解

事例で学ぶ融資稟議の進め方

井村清志 著

近代セールス社

はじめに

　融資業務は、私たち金融機関においてはまさに大黒柱の業務の一つです。各金融機関間で常に激しい競争が生じているのもこの融資業務です。私たち融資担当者あるいは営業担当者は、まさにこの大黒柱の融資業務を第一線で取り扱っているのです。

　基本的にはどんどん融資を伸ばしたいというのが私たち融資担当者、営業担当者の思いではないでしょうか。ところが融資というのは、ただ貸せばよいというわけではなく、何よりもきちんと最後まで返済してもらわなければならないという側面を持っています。

　貸すとともに返済をしてもらうという、ある意味対極的な事柄を同時に成立させなければならない高度な内容とも言えます。また採算が確保できないような融資の安売りもできません。

　そして、融資の判断は関係者の合議制で決まるということを忘れてはなりません。どれだけ私たち担当者が貸したいと思っても、合議制に基づく協議によってしか融資の可否を決定することができません。

　もっとも「合議制だからしょせんは支店長や融資課長の判断で決まってしまう」「私たちはただお客さんのところで案件をもらってきて可否を決めてもらうだけ」などとの考えは大きな間違いです。実は融資可否を判断する過程において、その中心人物は私たち担当者なのです。なぜかというと、融資可否の決め手となる判断材料は担当者が持っているからです。

　決算書などの客観的な判断材料は関係者の誰もが共有しているところですが、足元の業績や今回の融資が必要となった要因、社長の考え方は私たち担当者だけが持っている情報です。そしてこの私たち担当者が持っている情報こそが、融資可否の決め手となる判断材料になることが実に多いのです。

これらの判断材料を稟議書や上司たちとの事前協議の場を活用して伝えることで、正しい融資可否判断が可能となります。そしてこれこそが私たち担当者の腕の見せ所です。

　同じ会社あての融資案件であっても、担当者がA君なら可決、B君なら否決といったケースは実際には少なくありません。

　本書ではよくあるケースについて、いくつかの事例も織り交ぜて稟議に至る経緯や考え方、稟議書の具体的な書き方を紹介しています。ぜひ参考にしていただき、融資が得意な担当者になっていただくお手伝いができれば幸いです。

　2016年1月

井村　清志

も く じ

第１章 ● 融資稟議の基本

1．融資稟議の目的・008

2．融資稟議の基本手順・009

3．融資稟議の判断材料・012

4．融資稟議の注意点・012

第２章 ● 融資稟議の基本手順

1．債務者の属性調査・016

2．債務者の実態把握・017

（１）ヒトの分析・017

（２）モノの分析・018

（３）カネの分析・019

3．ヒトの分析手法・019

（１）経営者を見極める具体的手法・019

（２）経営者の見るべきポイント・021

（３）会社の経営形態の特徴・023

（４）従業員の見るべきポイント・025

4．モノの分析手法・026

（１）モノとは取引先の事業内容・026

（２）表面的な理解だけで終わらない・026

（３）業界動向の把握・027

（４）商品パンフレットの取受けや工場見学・028

5．カネの分析手法・028

（１）売上傾向の把握・029

（２）売上総利益率と傾向の把握・030

（3）売上、借入金と現預金による資金繰り状況の把握・031

（4）資産項目の増減チェック・035

（5）注意を要する勘定科目・039

（6）売上債権、棚卸資産、買入債務の各回転期間のチェック・041

（7）経常収支のチェック・046

第3章 ● 融資稟議の判断材料

1．債務者の業績について・050

2．資金使途について・052

3．融資形態・条件について・055

4．保全について・058

5．他行動向について・060

6．資金調達余力について・061

7．取引振りについて・063

8．融資取引の狙いについて・064

第4章 ● 対話で理解する融資稟議の実際

事例1　業績順調なＡ社への運転資金の提案・068

事例2　売掛入金の遅延に伴う運転資金の申し出・072

事例3　資金繰り多忙先への運転資金の復元融資・その1・077

事例4　資金繰り多忙先への運転資金の復元融資・その2・081

事例5　業績不振先から資金繰り資金の申し出・086

事例6　グループ会社間の貸借が多いＦ社からの申し出・091

事例7　他行肩代わり防止のための融資提案・096

事例8　外為取引を狙ったＨ社への運転資金の提案・101

事例9　過剰在庫を抱えるＩ社への運転資金の検討・106

事例10　過剰在庫を抱えるＪ社から運転資金の申し出・111

事例11　３期連続赤字のＫ社への復元融資の申し出・116

事例12　主力先Ｌ社からの工事つなぎ資金の申し出・120

事例13　下位の取引先Ｍ社への設備資金の提案・125

事例14　Ｎ社から収益物件取得資金の申し出・129

事例15　Ｏ社から短期不動産プロジェクト融資の申し出・133

事例16　Ｐ社から販売収益物件プロジェクト融資の申し出・137

事例17　安定推移先のＱ社から納税資金の申し出・141

第５章 ● 融資謝絶案件への対応

事例１　決算内容が不芳な先・146

事例２　取引開始の合理的な理由がない先・150

事例３　業務内容が不芳な先・153

第 1 章

融資稟議の基本

第1章　融資稟議の基本

1．融資稟議の目的

　皆さん、融資の稟議手続きを「面倒だな」と感じたことはありません
か？　かつて筆者はこの手続きを面倒だと思っていました。しかし、融
資の稟議はツボをしっかり押さえていれば、それほど面倒なことでも難
しいことでもありません。

　そこで本書は、筆者の融資実務についての経験をベースとして融資稟
議の書き方について、できるだけシンプルに分かりやすく解説していき
ます。

　まず融資稟議がなぜ必要なのか、その目的について考えていきます。
目的、つまりゴールを理解していれば融資稟議はそのゴールに向かって
作成すればいいのですから、細かいことはともかく、融資稟議書作成の
ポイントを頭のなかでイメージできるようになります。

　私たち担当者が取引先に融資を実行する際には、必ず融資の稟議手続
きが必要となります。このことは皆さんご存じのことと思います。

　例えば親友のＡさんから「1,000円貸してくれないか」と言われたと
します。「1,000円くらいならいいか」と思い、その場でＡさんに1,000円
渡せば、即時に融資が実行されたことになります。この場合の「融資」
は、あなたのお金を貸すわけですから、あなただけの判断でその可否を
決めることができます。

　しかし、私たちが業務として行っている融資は、私たち個人のお金で
はなく、金融機関あるいは預金者等の資金を元手に行うものです。です
から、一個人が勝手にその可否を判断することはできません。つまり、
融資の可否は合議制で決まるということです。

第1章　融資稟議の基本

　そのため、融資の稟議は取引先への融資可否の判断を関係者と協議を
する場だということになります。このことから、融資の稟議書は関係者
が融資可否の判断を行うツールであり、判断資料ということになります
が、このツールや判断資料を提供するのが私たち担当者なのです。

　また、融資の稟議書は電子記録や紙により一定期間保存されます。こ
の保存された稟議書は、私たちが実務を行ううえで非常に有益なものと
なります。というのも、過去に実行した融資の資金使途は何だったのか、
どのような判断根拠だったのかなど、後々確認をする必要が生じた場合
に、稟議書を見れば一目瞭然だからです。

　さらに、稟議書には融資の可否を判断するための様々な資料や参考情
報が凝縮されており、これらは前任の担当者からもらった引継ぎ書より、
取引先のことをよく理解できることが少なくありません。つまり融資の
稟議書とは、取引先自体の情報や当時の関係者の見方などが実に見事に
要約された書面なのです。

　そこで融資稟議の目的をまとめると、

　①取引先への融資可否を関係者と協議するため

　②その時々の融資可否判断を後々に引き継ぐ

ということになります。

2．融資稟議の基本手順

　実際の稟議には一定の手順というものがあります。現場では一部省略
することもありますが、それは今までの取引履歴から、もう十分に分か
っているからです。つまり手順を省くのではなく、すでに理解されてい
るため一から分析等を行う必要がないのです。

　常に頭の中では稟議の基本手順に従って検討を行っているのです。こ
の基本手順に則って検討を進めれば、大きな判断ミスが起きることはあ
りません。また、これに則って検討を行うことで稟議手続きは確実に進

009

められ、誰でも容易に稟議書を作成し検討することができます。

　ここで、具体的な例を挙げて稟議の基本手順について説明します。

＜事例＞

　運送業を営むＡ社から運転資金として1,000万円の融資の申込みを受けた。Ａ社とは３年ほど前から融資取引をしているが、Ａ社の社長と日々コンタクトを取っているのは担当者だけで、支店長を含めて役席者は名刺交換を行った程度の面識しかない。

＊　　　　　　　　＊

　融資を担当して間もない頃によくある間違いは、いきなり「利率はどうするか？」とか「融資期間はどのくらいがいいか？」など融資について細部の条件を考えてしまうことです。しかし、利率などの融資条件は一連の稟議手順の最後の方で検討する項目なのです。

　取引先から融資の相談を受けるとつい気があせってしまい、稟議の基本手順をすっ飛ばして、融資条件を検討してしまいがちなのですが、実はこれは間違いです。

　支店長や役席者がＡ社のことをよく分かっている場合は、稟議の基本手順を省いて融資条件を検討することもありますが、支店長や役席者がほとんど知らない状況では、融資条件について相談しても、「Ａ社って何をやっている会社なの？」程度の回答しか返ってきません。

　では、どうすればいいのでしょうか？

　まず、Ａ社のことをよく知ることが融資稟議のはじめの一歩です。何を業としている会社なのか、業績は良いのか悪いのか、社長はどういう人なのか、行く末はどうなのかなど、Ａ社そのものをよく知ることが大切です。

　何をやっている会社なのかよく分からない、業績もよく分からないというのでは、融資を実行していいかどうか分かりませんし、当然支店長

第1章　融資稟議の基本

や役席者も判断のしようがありません。そこで、稟議は次の3つの基本手順に従って進めていくことが求められています。

これに従って進めることで、支店長等の関係者にも説明がしやすくなるのです。

稟議の基本手順1
債務者の属性調査

稟議の基本手順2
債務者の実態把握

稟議の基本手順3
案件審査

まず基本手順の第1は**「債務者の属性調査」**です。

これは、新規取引先では必ず行わなければなりません。具体的には、銀行の取引相手方としてふさわしいかどうかを判断することです。例えば、いわゆる反社会的勢力などは銀行の取引相手方として不適切です。融資先としてふさわしくないと判断した場合は、その時点で稟議は終了し融資の申し出を断ることになります。

問題がなければ、次は**「債務者の実態把握」**です。

決算書を軸にした財務分析などを通して、債務者の業績評価や返済能力評価などを行います。これは一連の稟議手続きの中心になる部分です。日頃の自己啓発などで高めた財務分析能力が試される部分です。

そして最後は**「案件審査」**です。

つまり、今回の直接の申し出である運転資金1,000万円の融資の可否の審査です。この部分で利率はどうするかとか、融資期間はどうするかなどを検討していくことになります。

そこで、この3つの稟議基本手順について説明していきます。

011

3．融資稟議の判断材料

融資可否の判断材料は後で詳しく説明しますが、ポイントは次の8つです。

①債務者の業績

②資金使途

③融資形態・条件

④保全

⑤他行動向

⑥資金調達余力

⑦取引振り

⑧狙い

どの項目も、それぞれ目的があり欠かすことはできませんが、これらに基づいて私たちが考えるべき最も重要なことは、取引先の資金繰りがこの先も続くのかという点です。

取引先の資金繰りが続かなければ、融資の回収見込みは保全に依存することになってしまい、十分な保全が確保できない融資案件の場合は、即貸倒れにつながってしまいます。資金繰りが続けば取引先の事業は継続され、融資の返済も行われるのです。

資金繰りが続くかどうか、これを見極めることこそ融資稟議の本質なのです。

4．融資稟議の注意点

また、融資の稟議書作成の際によく陥る誤りは、「融資をしたい」という気持ちが強いあまり、そのことばかりを表現した内容になってしまうことです。

具体的には、「業績順調。他の金融機関を排除し本件を積極的に取り

第1章　融資稟議の基本

上げたい」とか「本件に対応しない場合は他の金融機関に取引地位を奪取され…」などのコメントを書いてしまいがちなのです。気持ちは分かりますが、これでは説得力を欠く内容になってしまいます。

　融資を実行することは大切ですが、融資が回収できないかもしれないというリスクは必ずつきまといます。ですから、当該融資についての積極的な思いだけでなく、融資が返ってこないかもしれないというリスクも勘案して稟議書を作成することが大切です。

　具体的には、取引先の潜在的なリスクを説明したうえで融資を行う所見を記載し、稟議書の内容に説得力を持たせることです。

　皆さんも商品の良いことばかりを並べたてるようなセールスマンは、すぐには信用できませんよね。逆に良いことだけでなく悪いことについても客観的に説明してくれるセールスマンは、信用できるのではありませんか。

　融資稟議書の作成もこれとまったく同じなのです。

第2章

融資稟議の基本手順

第2章　融資稟議の基本手順

1. 債務者の属性調査

　融資稟議審査の最も重要な項目は、融資したお金がきちんと返ってくるかという返済可能性ですが、その前に必ず行うのがこの「債務者の属性調査」です。分かりやすく言うと、そもそも貸してよい先かどうかを調べることです。

　私たちはどんなお客様にも融資できるわけではありません。どれだけ業績が好調であっても融資のみならず、そもそも取引を回避すべき取引の相手方というものがあります。

　この「融資を回避すべき取引の相手方」とは、具体的には次のような相手のことです。

　①反社会的勢力

　暴力団や総会屋、えせ右翼団体など違法で不当な行為を行う団体や個人には融資を行いません。

　②違法に営業を行っている先

　許認可事業を行っているが、実は無許可・無届で営業を行っている先などが該当します。

　③銀行が貸し手として社会的批判を受ける可能性のある先

　マルチ商法や催眠商法、ヤミ金に代表されるような暴利の金融業者、性風俗営業などを行っている先などが該当します。

　このような公序良俗に反する団体に融資することは、貸し手としての金融機関が社会から批判を受ける可能性があるため、どんな理由があろうと行ってはいけません。なお、相手が前記①から③に該当しなくても、これらの団体と関係の深い先や系列と考えられる先には融資することは

できません。

　そして債務者の属性調査は、新規先の場合には特に慎重に行う必要があります。というのも、すでに取引のある先に比べて、圧倒的に私たちが知らないことが多いからです。

　なお、すでに取引のある先についても稟議前には改めて属性調査をしてみることをお勧めします。なぜなら、会社というものは日々変動しているからです。

　例えば前回の融資以降、新たな役員が就任していませんか？　また新たな株主が生じていませんか？　これら新たな役員や株主が、もしかしたら反社会的勢力かもしれないのです。実際に筆者は融資先に新たに加わった株主に問題があり、以降の融資をすべてお断りしたという経験があります。

　したがって、すでに取引のある先だからといって安心することなく、念には念を入れてしっかりとした属性調査を心がける必要があるのです。

2．債務者の実態把握

　さて、次の「債務者の実態把握」が融資稟議の最大のヤマ場です。融資できるかどうかは、このハードルを越えられるかどうかにかかっています。そして債務者の実態把握は「ヒト」「モノ」「カネ」の3つの分野それぞれで進めていきます。

　とかく「カネ」の部分に目を向けがちですが、その前の「ヒト」と「モノ」を検討することはとても重要です。特に中小企業に融資を行う場合には、この「ヒト」と「モノ」の検討が欠かせませんし、企業そのものの実力にも大きな影響を与えています。

（1）ヒトの分析

「ヒト」とはズバリ経営者です。もちろんその企業に勤務する従業員も

重要な要素ですが、何といっても企業業績は経営者によるところが大です。特に中小企業の場合は大企業と異なり「企業＝経営者」であると言えるでしょう。

そこで「ヒト」に関して筆者の経験を紹介します。

長年の主力先で建築資材の卸売りを行っている中小企業を担当していたときのことです。担当した当初は業績が安定していましたが、2年後に創業者の社長が引退し、同社の役員が社長を引き継ぎました。それから1年後、その会社はこの世に存在しなくなりました。

つまり倒産してしまったのです。社長の交代を機に経営方針が大きく変わったのですが、その施策がことごとく失敗し、あっという間に業績が傾いてしまいました。

このように中小企業では社長、つまり経営者の経営手腕や考え方次第で、まるで別の会社のように姿が変わってしまうことが少なくありません。「ヒト」の分析は取引先が中小企業の場合は、企業の行く末に直結する重要事項なのです。

この具体的な分析方法については後述します。

（2）モノの分析

「モノ」とは取引先の取扱製品、サービス内容です。つまり何をやっているかということです。

取引先が属している業界が今後も成長が見込めるのなら、取引先の伸展も期待できます。一方、衰退しつつあるのなら、今後も伸展できるかどうか不安になってしまいます。

したがって、取引先が何を業としている会社なのか、取引先が属する業界の動向はどうか、などについて理解することも、融資稟議には欠かすことができません。

（3）カネの分析

「カネ」とは財務内容です。財務内容の良し悪しが融資の返済能力に大きく影響してきます。

　融資稟議の最大のポイントは「貸したお金が返ってくるか？」ということですが、その判断基準で大きなウエイトを占めるのが財務内容なのです。したがって、融資稟議においては財務内容の審査、つまり財務分析にもっとも時間を割くことが求められ、これは日頃からの財務分析の勉強成果が試されることになります。

　この具体的な分析方法については後述します。

3．ヒトの分析手法

　次に「ヒト」の分析について詳しく説明します。

　先ほども説明した通り「ヒト」の分析は、取引先が中小企業の場合には、企業の行く末に直結する重要事項です。そこで、なぜそれほど重要なのかを整理しておきます。

　融資の稟議においては、企業の現状を把握し将来の先行きを予測したり見極めたりすることが大切ですが、この点において経営者の人物や手腕、経営の考え方・方針が大きな影響を及ぼします。

　なぜなら、経営者の考え方や方針一つで、どれだけ外部環境が悪くても生き残っていく企業もあれば、どれだけ好景気であっても破綻する企業もあるからです。

　特に中小企業の場合、経営者と企業は一体ですから、経営者の経営手腕が企業業績に大きく影響を受けるのです。

（1）経営者を見極める具体的手法

　経営者の人柄や考え方、性格などを見極めるには、決算書からの類推と面談による確認の２つの側面からの実施が求められます。

①決算書から経営者の性格等を想像する

まずは決算書から経営者の人柄や考え方、性格を想像してみます。「決算書から経営者の人柄などが分かるのか？」と思うかもしれませんが、決算書には実によく経営者の性格や考え方が表れています。これは本当にそうなのです。

まじめで慎重な性格の方が経営する企業の決算書は、業績の良し悪しは別にして不思議なほどムダの少ない決算書になっています。特に顕著に表れるのが会社と経営者個人との関係です。

まじめで慎重な性格の経営者は、会社と経営者個人を明確に区別しており、決算書の貸借対照表の資産項目には事業に関係するものばかり計上されています。

一方で遊び好きな経営者の会社の決算書には、ゴルフ会員権やリゾート施設の会員権など、本業とは直接関係のない資産項目が目立ったりします。つまり極端な言い方をすれば、経営者が個人的に利用するものを会社のお金で賄っているということです。

このように、決算書を見ただけでおおよそ経営者の性格が分かってきます。そして、当然ですが前者の決算書の方が望ましいということになります。

整理すると、貸借対照表の資産項目に事業以外のものが少ない会社の経営者はまじめで実直な人が多く、貸借対照表の資産項目に事業以外のものが目立つ会社の経営者は、遊び好きで会社と個人を混同しがちな人が多いということです。

②経営者と面談して見定める

このように決算書で経営者の人柄や資質などを想像したうえで、次に実際に会って自分自身の目で見定めます。

このとき「人を見定めることなどできない、ましてや社長の資質など自分には到底ムリ」などと、控えめな気持ちになることはまったくあり

ません。

社長といえども私たちとまったく同じ人間ですから、自分自身が今まで体験してきた他人に抱く感覚で社長を判断すればいいだけなのです。そしてその感覚はまず間違っていません。

付き合いづらい人だと感じたら、その社長は付き合いづらい人なのです。共感が持てる人だと感じたら、その社長は真面目で実直な人なのです。

③上司を経営者のところに連れて行く

経営者と実際に会ったときに自分自身が抱いた感想は間違ってはいません。しかしながら、人物の評価は見る人によって異なることもあるのも事実です。

したがって、あなた1人でなく複数の人が面談することで、より客観的に経営者の資質を見定めることができます。そこで、一度支店長や上司などを経営者のところに連れて行き、実際に本人に会って判断してもらいます。

あなたと上司の意見が一致すれば、社長に対する評価は客観的なものとしてほとんど確定させることができます。逆にあなたと上司の意見が一致しない場合は、別の上司に見てもらう必要があります。

このように、複数の人との面談を通じて社長の人柄などの見方を定めていきます。

（2）経営者の見るべきポイント

私たちは会社の社長と友人や知り合いのように会うわけではありません。あくまでも融資業務など仕事の一環として会うわけです。ですから、社長について会社経営の責任者としての視点から観察する必要があります。

ここでは、会社経営の責任者として私たちが見るべきポイントについ

てまとめます。

①指導力や統率力

従業員を引っ張っていく指導力はあるか、企業全体をまとめていく力があるかという点です。

会社の経営判断は最終的には経営者が行います。この経営判断によって会社の事業の行く末が大きく左右されます。一方で経営者が決断した判断は従業員一人ひとりがしっかりと認識して、それに則って業務を進めていかなければなりません。

したがって、従業員を納得させるというか、経営者には自身の判断に従業員を従わせる指導力や統率力が欠かせません。このあたりを見極めるには、その会社に足を運ぶ必要があります。そして経営者と従業員とのやり取りを逃さず聞き取り判断しましょう。

経営者の指示に対して従業員が素直に応じているか、また従業員の経営者に対する言葉遣いなどを観察すれば、経営者の指導力や統率力は概ね推測することができます。

②決断力や実行力

経営においては、企業の進むべき方向など将来の業績を左右するような大きな決断が求められる場面が必ずやってきます。そのときに決断する度量はあるのか、そして決断したことを実行していく力はあるのかがポイントになります。

このあたりの判断には、経営者との日頃の会話が欠かせません。そこで、面談時に社長の悩みごとや足許の受注状況、従業員の教育方針などの話題をぶつけてみましょう。

経営者は日々いろいろなことを考えています。こちらから話題を提供すれば、日々考えていることを吐露してくれるはずです。そして話の内容から、経営者の決断力や実行力を垣間見ることができるのです。

判断の基準は簡単です。話を聞いて経営者の考え方がカッコ良いとか、

さすがだなとか、この経営者と一緒に仕事がしたいなどと思うなら、その経営者の決断力や実行力を認めることができます。逆にどうもあいまいだなとか、何を考えているのか分からないといった印象なら、その経営者の決断力や実行力に疑問を抱く必要があります。

　ここで大切なことは、自分自身の受け止め方に自信を持つということです。まず大きな間違いはありませんから。

　③責任感

　私たちが行う融資はただ貸すだけではなく、きちんと最後まで返済していただく必要があります。そのためにも、会社の経営者には責任感をきちんと持ってもらう必要があります。責任感がない経営者の会社には不安で融資することはできません。

　この責任感のあるなしは、日頃のちょっとしたことから判断することができます。

　例えば、

- 電話で折返しを依頼した場合にきちんと電話をかけてくるか
- 依頼した資料を期限内にきちんと提出してくれるか
- アポイントの時間をきちんと守ってくれるか
- 従業員など他人の悪口をよく言ったりしていないか

などの観察し、これらが守れないようなら責任感がない、あるいは弱いと考えてまず間違いありません。

　④健康面

　また、会社の経営者は健康であることが何よりも大切です。経営者が病気で休みがちという企業は、信頼できるかつ能力のある従業員が存在しない限り、衰退していくからです。

（3）会社の経営形態の特徴

　これまで会社経営者の人柄などの資質について見てきましたが、それ

を補助する情報として会社の経営形態別の特徴を知っておくと、会社経営者の見方の参考になります。

企業の組織形態は大きく、①ワンマン経営、②同族経営、③組織的経営の３つに分けられます。

この３つの形態別に融資稟議の着眼点を説明します。

①ワンマン経営

中小企業にとても多い経営形態です。「ワンマン経営」はとにかく意思決定が早いという特徴があります。決定のスピードが速いため、商機を逃さず経営ができるという点ではプラスの評価を下すことができます。

しかし一方で、何かと独断専行になりやすいという側面もあります。ワンマン経営者に意見を具申するのは至難の業ですから、ワンマン経営者を牽制できる人材が社内にいるかどうかもポイントとなります。

またワンマンであっても、部下や他人の意見に耳を傾ける度量があるかどうかも気になるところです。ワンマン経営者が判断を誤ると、その会社の命取りにもなりかねないという怖さがあるからです。

さらに健康面にも留意します。経営者が高齢だったり健康面に問題があるような場合は、後継者が社内に育っているかどうかを確認することも必要です。

②同族経営

中小企業で圧倒的に多いのがこの「同族経営」です。同族経営は安定感がある反面、同族以外の人材の登用が制限されてしまうという傾向があります。したがって、同族以外の人材が登用されないことで社内の士気が低下していないか、という点について見ていきます。

また、同族経営で時々目にするのが同族間の内紛です。そこで、内紛状態になっていないか、あるいは内紛になりそうな芽はないかなどについても気にしておく必要があります。

筆者の経験でも、創業者の努力で金融機関から融資を受けなくても資

金繰りに支障がないような優良な会社に育ったところが、創業者が亡くなってから同族間で内紛が発生し、これが原因であっという間に会社が消滅してしまったところがあります。

③組織的経営

「組織的経営」は、ある程度の規模の企業に多い経営形態です。この場合、組織としてきちんと機能しているかどうかがポイントとなります。

（4）従業員の見るべきポイント

中小企業は経営者の影響力が極めて大きいのですが、やはり業務の多くを行うのは従業員です。そして従業員を見ることで間接的に経営者の経営能力を推測することができます。

そこで、次に従業員の見るべきポイントをまとめます。

①従業員の平均年齢、定着率

企業の経営においては従業員の年齢構成のバランスが取れていることがベストです。高齢者ばかりではないか、逆に入社後間もない社員ばかりではないかという点を見ておく必要があります。

平均年齢が高い場合は、次の世代を担う社員をどのように育成・確保しているかを注意して見ていきます。また従業員の定着率も確認します。定着率が悪い場合は、企業内部に何か問題があるのではないかという疑問が生じます。

実際に筆者の担当した先で、従業員の定着率が悪い会社がありました。新入社員が入社後1年前後でことごとく退社してしまうのです。そこで調べたところ、原因はあまりにも激しい気性の経営者にありました。典型的なワンマン経営者だったのです。

また経理担当の部長や課長など、会社の資金繰りを熟知している従業員の退職には特に注意が必要です。会社の生命線である資金繰りに従事している幹部社員の退職には、資金繰りが破綻寸前だったり、経理部長

が多額の資金を使い込んでいたなど、あまり良くない事情がありがちだからです。

②労使関係

労使関係が円滑かどうかも重要です。円滑でなければ企業の経営にマイナスの影響を与えることは自明の理だからです。

以上、従業員に関することはやはりその会社を訪問して目や肌で感じ取ることが、的確な結果を得ることにつながります。訪問客とすれ違っても挨拶しない従業員もいれば、道を空けて丁寧に挨拶してくれる従業員もいます。このような従業員の態度から、会社の経営状態が透けて見えるのです。

4．モノの分析手法

（1）モノとは取引先の事業内容

「モノ」とは取引先が行っている事業内容そのものです。取引先がどんな商売を行っているのかを理解せずに、稟議を起こすことはありません。

運転資金といってもその発生要因は事業内容によって様々です。事業内容を理解すればするほど取引先のことが分かってきますから、おもしろいと感じるとともに、その資金繰り構造も見えてきます。
「建設業」といった表面的な理解だけではなく、もっと深く突っ込んで事業内容を理解することで、稟議書に説得力が出てきます。

（2）表面的な理解だけで終わらない

決算書を見ただけでは事業の具体的な内容は分かりません。例えば決算書に業種として「人材派遣業」と記載されていても、それで終わるのではなく、どんなところに人を派遣しているのかなど、一歩踏み込んでヒアリングすることが大切です。

例えば「内装工事業」の場合、住宅中心なのか飲食店中心なのか、あ

るいは商業ビルが中心なのかなどを突っ込んでヒアリングします。そしてどの分野の内装工事（壁とか間仕切りとかインテリアとか）が得意なのかも確認します。

　事業内容が普段の私たちの日常生活には直接的な関わり合いがない場合、理解が難しいこともあると思います。例えば精密機械部品製造業を例にとってみると、部品そのものは私たちの生活で直接目にすることはまずありません。ですから、事業内容を聞いただけではピンときません。

　そういう場合には、私たちの日常生活で使うモノにどういう関わりがあるのかを質問してみましょう。日頃目にするモノから遡ることで理解が進むことがよくあるからです。

（3）業界動向の把握

　事業内容を理解したら、次はその事業が属する業界動向を確認します。大雑把に言えばその業界について成長が見込めるのか、あるいは衰退していくのか、そのどちらでもなく当面安定した推移が見込めるのかを把握するのです。

　この業界動向を押さえておくことは大切なことです。もちろん特殊な技術を持っており、業界全体が衰退していても業績を伸ばすケースもあります。しかし、このような取引先に出会う確率は低く、大半は業界の動向に業績が左右されるのです。

　例えば、取引先が大規模な設備投資を計画しており、その資金の相談を受けたとします。ところがその取引先が属する業界の市場規模は年々減少しており、衰退が著しい業界であるとします。そういう環境で大規模な設備投資を行うことは、普通に考えれば無謀なことです。しかし、ここでは大規模な設備投資を行う取引先の狙いを十分に把握することが必要で、その妥当性について慎重な判断が求められるのです。

（４）商品パンフレットの取受けや工場見学

「モノ」は耳だけで完全に理解することはできません。やはり実際の目で確認することが必要です。どんな取引先でも商品等のパンフレットは用意されています。パンフレットを見れば、その取引先がどのような「モノ」を扱っているのかは一目瞭然です。

また取引先が製造業の場合は、時間を見つけて製造現場である工場を見学させてもらいます。いい勉強になりますし、現場を見ることで「モノ」への理解が飛躍的に向上します。

５．カネの分析手法

さて、最後は融資稟議の中心を占める「カネ」の分野です。融資稟議の究極の目的は、貸したお金が返ってくるかどうかを様々な切り口から分析して見極めるという点にあります。

そして貸したお金、つまり会社から見れば借りたお金をきちんと返せるかどうかは、この会社のお金、つまり資金繰り力で決定されます。資金繰りが続く限り会社は倒産しません。

この資金繰り力を様々な切り口から分析し見極めることこそ融資稟議の中核であり、資金繰り力を見定める力こそ融資稟議能力の根本なのです。

そして、融資先の資金繰り力を見極める中心となる手法が「財務分析」です。財務分析には様々な指標があります。融資業務に従事する多くの皆さんは、すでに自己啓発や金融機関の研修を通じて財務分析について学んでいると思います。しかし水を差すようですが、研修や参考書で習得した財務分析の知識は、資金繰りの見極めに直接役に立つことはありません。

例えば流動比率という指標があります。流動比率が高いほどその会社の資金状況は良好とされているのですが、高ければ資金繰りは安全なの

かと言うと、必ずしもそうではありません。

また固定比率という指標があります。固定比率が低ければ低いほど会社の資金状況は安定していると言われるのですが、だからといって、その会社の資金繰りが当面維持されることが確約されるものではありません。

融資稟議における財務分析は、資金繰り力を分析する項目を中心に行うことになります。では、資金繰り力を分析する財務分析とは何か。それについて詳しく説明していきます。

融資稟議の中核である資金繰り力を見極める財務分析に必要なチェック項目は次の通りです。

- 売上の傾向
- 売上総利益の水準と傾向
- 売上、借入金、現預金のバランスと傾向
- 借入金の動向
- 利益水準の確認
- 資産項目の増減
- 負債項目の増減
- 売上債権、棚卸資産、買入債務の回転期間推移
- 経常収支

（1）売上傾向の把握

では、順に説明していきます。まずは売上高の推移です。細かい増減率は無視して、全体として売上が増加傾向にあるのか、それとも減少傾向にあるのかを把握します。2、3年程度ではなく、5年から10年程度の期間比較により売上の傾向を把握します。

これは融資先の会社の方向性を確認するためです。つまり全体としてこの会社は伸びているのか、それとも衰退しているのかを把握するので

す。融資先の成長性のイメージをざっくり把握するのですが、これはとても大切なことなのです。

　売上だけが大切なのではありませんが、売上が減少傾向にあるなら間違いなく資金繰りは悪化しています。しかし売上が増加傾向にあれば、資金繰りも良好であることが想像されます。

　売上が減少傾向なら、資金繰りは徐々に苦しくなっているはずなので、この場合、売上が回復する可能性があるのか、それまで資金繰りが持つのかどうかを検討することになります。

（2）売上総利益率と傾向の把握

　売上総利益については、次のようなポイントで分析します。

①同業他社比の売上総利益率の水準

　まず「売上総利益率」について同業他社との比較を行います。比較することで、同業他社との競争力を測ることができるからです。売上総利益率が同業他社と比べて高ければ、競争力があると評価できます。一方で同業他社と比べて低ければ、無理に販売しているのかもしれません。

　いずれにしても売上総利益は売上と同様、資金繰りの源泉です。同業他社との比較を行うことで、融資先の資金繰り状況の良し悪しを類推することができます。

②売上総利益率の推移の確認

　次に「売上総利益率の数年間の推移」を確認します。数年間の総利益率の推移を確認することで、融資先の企業が取り扱っている製品・商品の競争力を把握することができます。

　売上総利益率が上昇傾向にあれば、取り扱っている製品・商品に競争力があると評価することができます。一方で低下傾向なら、それら製品・商品の競争力が低下していることを示していますから、代替品の取扱いを検討するなど何らかの対策が必要となります。

売上の長期間のトレンドで融資先の盛衰を判断することに触れました
が、売上総利益率についても同じようなことが言えます。売上総利益率
が増加傾向にあれば、その融資先は無理して販売しなくても業績を維持
できると言えます。

逆に売上総利益率が低下傾向にあれば、同業他社と同様の販売価格で
は売れず値下げをして売っている、あるいは同業他社比高コストでない
と仕入れができないかもしれません。

いずれにせよ、売上総利益率が低下傾向にある融資先は要注意です。
当然資金繰りも悪化しているはずです。

（3）売上、借入金と現預金による資金繰り状況の把握

売上、借入金、現預金の3つの項目で、おおよその融資先の資金繰り
実態をうかがい知ることができます。次にその切り口について説明しま
す。

①現預金の絶対水準

当然のことですが、融資の稟議に限らず、事業経営を維持するために
現預金は絶対必要なものですし、経営内容が健全であればあるほど現預
金が多くなるのが一般的です。資金繰りが苦しい会社の現預金は当たり
前ですが低水準です。

私たちは日々の会社の現預金残高を知ることはできませんが、決算書
の現預金残高のトレンドを見ることで、その会社の資金繰り状況をおお
よそ想像することができます。

現預金の絶対的な水準として、売上平均月商の最低1ヵ月分は欲しい
ものです。実際に資金繰りに余裕がある、もしくは窮屈ではない会社の
場合、現預金は売上月商の1ヵ月超は必ず手許に置いています。

ところが、中にはいつも現預金水準が売上月商の1ヵ月分に満たない、
あるいは1ヵ月分そこそこといった会社もあります。このような会社は

ほぼ間違いなく資金繰りに窮しています。

また、現預金水準が年々低下傾向にある会社もあります。このような会社もほぼ間違いなく資金繰りに窮しています。資金繰りが良好であれば現預金水準も高い水準にあるのが普通だからです。

現預金水準は嘘をつきません。ですから、現預金水準はその会社の資金繰りの良否を見極める、もっとも客観的で信頼性の高いバロメーターなのです。

ただ、ここで1点注意しなければならないことがあります。それは現預金の中身についてです。

現預金を月商の1ヵ月以上保有していても、現預金の多くが定期預金など固定性預金であれば、資金繰りにはすぐには使えないため、資金繰りに心配はないという判断はできません。実際に現預金水準が売上月商の3ヵ月分程度常時保有していても、そのほとんどが定期預金でかつ金融機関に担保として設定されているケースがありました。

こういう場合は、資金繰りに支障がないと判断せずに、中身についてもしっかりと確認しておくことが必要です。

②現預金と借入金の関係

現預金の残高は様々な要因で増減するわけですが、一つひとつの要因を分析することは困難ですし、あまり細かいことに目を向けると、かえって資金繰りの実態が見えにくくなります。

そこで、ここは割り切って現預金と借入金の関係に絞って検証してみましょう。

具体的な考え方ですが、まず2期の決算書の現預金残高を比較します。そして現預金残高の増減と借入金の増減、そして利益水準に着目します。

2期比較で現預金残高が増加している場合、それに見合う利益が計上されていれば、利益によって現預金が増加したものと考えます。このケースでは、その会社の資金繰りは改善したと考えることができます。

一方で現預金残高が増加しているにもかかわらず、それに見合う利益が計上されていない場合は、借入金の動向を確認します。借入金が増加していたら、その会社は利益で資金繰りが改善したわけではなく、借入金で資金繰りが維持されたと考えることができます。借入金には返済負担がありますから、資金繰りが改善したとは言えません。

また、2期比較で現預金残高が減少している場合も利益に着目します。利益が赤字であれば、赤字の補填に手許の現預金を取り崩したと考えることができます。当然、資金繰りは悪化しています。

利益が黒字であるにもかかわらず、現預金残高が減少している場合は、借入金の増減に着目します。借入金が減少していたら、手許資金を取り崩して借入金を圧縮したと考えることができます。このケースでは資金繰りが悪化したとは言えず、むしろ資金繰りに余裕があると考えることもできます。

このように、現預金残高を中心に借入金と利益の3点に絞って資金繰りの状況を分析します。いろいろな項目を含めて資金繰りを検証すると、かえって複雑になり正確な状況が分からなくなってしまいます。

資金繰りに直結する現預金と借入金、それに利益の3点に焦点を当てて検証することが大切です。

＜資金繰り分析のポイント＞

- 現預金増加に見合う利益が計上されている → 資金繰りは○
- 現預金増加に見合う利益は計上されておらず、借入金が増加している → 資金繰りは×
- 現預金が減少し利益は赤字 → 資金繰りは×
- 現預金が減少し利益は黒字、そして借入金が減少している → 資金繰りは○

③借入金の状況

　融資先にとってなぜ借入金が必要かと言えば、それは資金繰りを維持するためです。それ以外の目的はありません。そのため借入金の増減などを見ることで、資金繰りの状況を判断することができます。

　そこで、次の３つのケースに基づいて考えていきます。

　ア．売上が減少し借入金が増加している場合

　これは皆さんお分かりのように資金繰りは要注意です。本来、売上が減少すれば事業に必要な資金量は減少します。それにもかかわらず借入金が増加しているということは、ほぼ間違いなく赤字の補填に代表されるように、資金繰りの悪化を借入金で賄っているということです。

　私たちが融資を検討する際にもっとも注意を要するケースです。

　イ．売上が増加し借入金も増加している場合

　売上が増加すると事業に必要な資金量も増加しますから、これを補うために借入金が増加することはある意味、自然なことです。したがって、このケースではただちに資金繰りに窮しているとの判断はできません。

　ただし、借入金の増加により返済負担も増加しています。融資稟議においては、今後の売上見込みの検証が必要になってきます。この先、売上が減少に転ずるようなことになれば、重い返済負担から資金繰りが悪化してしまう危険性があります。

　ウ．売上に大きな変動がなく借入金が増加している場合

　このケースは借入金の増加がどこに向かっているのかを確認します。

　具体的には貸借対照表の各勘定科目を見て、増加した借入金の在りかを確認します。例えば有形固定資産が増加しているなら、設備投資が原因で借入金が増加したものとみなすことができますし、投融資勘定が増加しているなら、借入金はそこに向かっているとみなすことができます。

　投融資は融資先にとって資金が固定化してしまうなど、リスクの高いものになるため、今後の資金繰りの悪化が懸念されます。

第 2 章　融資稟議の基本手順

＜借入金の増減による資金繰りの判断＞

- 売上減少にもかかわらず借入金が増加している → これは要注意
のケース…資金繰りは間違いなく悪化している

- 売上増加し借入金も増加している → ただちに資金繰りが悪化し
ていると言えない…所要運転資金の増加によるものであれば、そ
れほど心配はいらない

- 売上に変動はないが借入金が増加している → 借入金がどこに向
かっているのかを確認…投融資勘定など雑資産に向かっている場
合には今後の資金繰りに注意を要する

（4）資産項目の増減チェック

　貸借対照表の資産項目は文字通り融資先の資産です。加えて私たち融
資担当者にとって「資産項目はお金の使い道」という視点を忘れてはい
けません。資産項目の増減をチェックすることで、融資先は何にお金を
使ったのか、また何が原因で資金繰りに支障を来しているのかが分かる
からです。

　このように資産項目のチェックは融資先の「カネ」を見るうえでとて
も重要な作業です。次に事例をあげてチェックの方法を説明します。

（単位：百万円）

	前々期	前期	増減		前々期	前期	増減
現預金	10	15	5	買入債務	20	20	0
売上債権	20	25	5	短期借入金	20	30	10
棚卸資産	10	12	2	その他流動負債	5	6	1
その他流動資産	5	6	1	長期借入金	25	35	10
有形固定資産	30	40	10	その他固定負債	5	8	3
その他固定資産	10	15	5	自己資本	10	14	4
合　計	85	113	28	合　計	85	113	28

035

まず、借入金の増減をチェックします。前々期と前期とでは短期借入金と長期借入金がそれぞれ10百万円、合わせて20百万円増加しています。この20百万円を何に使ったのかを次に見ていきます。

　お金の使い道は、先ほど説明した通り貸借対照表の資産に向かっていますから、資産項目の増減をチェックすることで、借入金の増加20百万円を何に使ったのかを見ていくことになります。

　ここで迷うのは、資産項目には多くの勘定科目があるため、どの科目に借入金の増加20百万円をあてればよいのかという点です。これについては、金額が大きい項目からあてるなどいろいろな考え方があります。

　もっとも、融資先もお金は大切に考えているはずです。そのため、借入金で調達したお金をムダに使ったりせず、大切に事業に役立つことに使おうと考えているはずです。

　したがって、私たちも事業に役立つ項目の順に資産項目の増減をチェックしていきます。具体的には次の順になります。

①現預金の増減

②運転資金の増減

③有形固定資産の増減

④その他流動資産の増減

⑤投融資・その他固定資産の増減

　まずは現預金の増減チェックです。先ほどの例では現預金勘定は5百万円増加しています。したがって、借入金20百万円のうち5百万円は手許資金として温存していると考えます。

　次は運転資金の増減です。運転資金は「売上債権＋棚卸資産−買入債

第2章　融資稟議の基本手順

務」により算出することができます。先ほどの例では売上債権が5百万円増加、棚卸資産が2百万円増加、買入債務は増減がゼロですから、差し引き7百万円の運転資金が増加しています。

したがって、借入金20百万円のうち7百万円は運転資金に充当していると考えます。

次は有形固定資産の増減です。先ほどの例では有形固定資産は10百万円増加しています。したがって、借入金20百万円のうち10百万円は有形固定資産、つまり設備投資に利用したと考えます。

さて、ここまで現預金が5百万円、運転資金が7百万円、有形固定資産が10百万円増加しました。合計22百万円です。つまり、借入金20百万円は現預金として手許にプール、運転資金、設備投資に利用したことになります。

すべて事業に関することばかりです。この融資先は融資担当者には安心できるお客様です。借入金をすべて大切に事業に直結する使途にあてているからです。実際、このような融資先は資金繰り管理もしっかりなされており、財務内容も良好なケースが多いです。

では、次の例はどうでしょうか。

（単位：百万円）

	前々期	前期	増減		前々期	前期	増減
現預金	10	5	−5	買入債務	20	15	−5
売上債権	20	19	−1	短期借入金	20	30	10
棚卸資産	10	10	0	その他流動負債	5	6	1
その他流動資産	5	6	1	長期借入金	25	35	10
有形固定資産	30	27	−3	その他固定負債	5	3	−2
その他固定資産	10	25	15	自己資本	10	3	−7
合　計	85	92	7	合　計	85	92	7

やはりここでも、資産項目の増減は「現預金→運転資金→有形固定資産→その他流動資産→投融資・その他固定資産」の順に見ていきます。

まず現預金ですが、この例では現預金は5百万円減少しています。したがって、借入金20百万円は現預金として手許にはプールされていないことになります。

次に運転資金です。売上債権は1百万円減少、棚卸資産は増減なし、そして買入債務は5百万円減少しています。差引き運転資金の増減は4百万円となりますから、借入金20百万円のうち4百万円は運転資金に使用したことになります。

次に有形固定資産です。有形固定資産は3百万円減少しています。つまり、借入金20百万円は設備投資としては使われていないと考えます。

次はその他流動資産です。その他流動資産は1百万円増加しています。つまり借入金20百万円のうち、1百万円はその他の流動資産に使われていることになります。

そして最後に投融資・その他固定資産です。投融資・その他固定資産は15百万円増加しています。したがって、借入金20百万円のうち15百万円は投融資・その他固定資産に使用したことになります。

つまり資産項目の増減をチェックした結果、増加したのは運転資金4百万円、その他流動資産1百万円、投融資・その他固定資産15百万円、合計20百万円です。借入金20百万円の多くを投融資・その他固定資産に使用していることになります。

投融資・その他固定資産にお金を使った理由を確認する必要があるのですが、投融資・その他固定資産は事業との関連性が乏しい項目で、お金が固定化してしまうことが大半です。

そもそも、これらに利用したお金が戻ってこない可能性すらあります。最初の例に比べて借入金をこのような使途にあてている融資先に対しては、正直積極的な対応は取りづらくなります。

またお金が固定化しがちですから、資金繰りがタイトなケースも少なくありません。注意を要する融資先ということになります。

（5）注意を要する勘定科目

　ところで、次の勘定科目が増加している場合には注意を要します。順に説明していきます。

①貸付金

「貸付金」は、通常の事業を営んでいる会社には必要性の極めて乏しい資産項目です。そして往々にしてお金が固定化している、つまり返ってこない可能性があります。

　従業員向けに住宅取得資金を貸し付けるなどはいい方です。問題なのは信用状態がよく分からない会社や個人あてのものです。これらに対する貸付金は回収可能性が低いことが多く、資産性が疑われる項目です。

　そして中小企業に多いのが、経営者自身への貸付金です。実際に経営者自身に貸付がなされている場合もありますが、多くは使途不明金を便宜上経営者あての貸付金として処理しているものです。

　本来は経費として処理すべきものを、対外的に公表しづらいなどの理由で扱っているものが実に多いのです。要するに、貸付金といっても返済される可能性が低いため、これに振り向けられたお金は固定化してしまいます。その分、資金繰りを圧迫してしまうことになります。

②未収入金

　本来の「未収入金」に値すべきものも当然ありますが、中には回収が期待できない売掛金を未収入金に振り替えている場合が少なくありません。毎期ごとに増加している場合は、入金される可能性がほとんどないことが多いのです。

　当然、本来入ってくるお金が入ってこないのですから、資金繰りを圧迫することになります。

③仮払金

「仮払金」は、確定した後はしかるべき経費項目として処理すべきものを、一時的に計上するのが本来の姿です。しかし、本来の姿を逸脱し、

いつまでも仮払金に計上されていることが少なくありません。毎期いつも同じ金額ということもよくあることです。

　これらは費用として処理すると決算が赤字となるため、そのまま仮払金に放置しているものです。資金繰りをしっかりと管理している会社には、この仮払金という勘定科目はほとんど存在しません。

　多額の仮払金が存在している融資先は、ほぼ間違いなく決算内容に隠れた問題があり資金繰りが悪化しています。

　④前渡金

「前渡金」については相手先の信用状態が問題になります。実際は貸付金ということも少なくなく、いつも同じ相手先に前渡金が計上されていることがあるからです。このように前渡金が固定化している場合は、そのお金が返ってくる可能性が低く、当然資金繰りを圧迫しますから注意が必要です。

　⑤投資有価証券

「有価証券投資」は取引先との関係で株式を保有せざるを得ないなど、事業に必要なものもありますが、中には経営者の嗜好から会社の資金で有価証券投資をしていることもあります。

　当然、投資したお金がそのまま戻ってこない可能性があります。また多額のお金を使っていること自体、その会社の体質が疑われます。資金繰りには何らプラスをもたらさないので、これも注意が必要です。

　⑥その他投資

「その他投資」の問題はその中身です。ほとんどの場合、資金が固定化されているため、戻ってこない可能性が少なくありません。この勘定科目が多額でかつ増加しているような場合には、その融資先の資金繰りは圧迫されています。

　⑦まとめ

　以上をまとめると、次のようになります。

第2章　融資稟議の基本手順

---

①貸付金

資金が固定化。返ってこない可能性もあり。

---

②未収入金

同じ相手先でかつ金額が固定化もしくは増加している場合には返って
こない可能性あり。

---

③仮払金

通常はない勘定科目。使途不明金などの可能性も高く財務内容を含め
て危険性が高い。

---

④前渡金

実態は相手先に対する貸付金になっていることもあり。返ってこない
可能性あり。

---

⑤投資有価証券

単なる投資目的の場合には要注意。金額が多額の場合には体質そのも
のに疑問。

---

⑥その他投資

ほぼ間違いなく資金が固定化しており資金繰りを圧迫する。

（6）売上債権、棚卸資産、買入債務の各回転期間のチェック

　売上債権、棚卸資産、買入債務はすべて運転資金に直結する項目です。
融資先の資金需要の要因の大半はこの運転資金に起因するものです。そ
して、この運転資金こそが資金繰りそのものといっても過言ではありま
せん。

　そのため、融資先のカネを分析するうえで、運転資金の中身を知るこ
とは融資先の資金繰り事情を知ることになります。しっかりとマスター
してください。

①売上債権回転期間の分析

　売上債権回転期間に関しては、その絶対値とともに過去から現在まで

041

の回転期間の推移に特に注意を払います。

　すでにご存じの方も多いと思いますが、最初に「売上債権回転期間」について簡単に説明します。売上債権回転期間は、売上が発生してから最終的に現金として回収するまでの期間を指します。そこで、次の算式により算出します。

「売上債権回転期間＝（受取手形＋割引手形＋裏書譲渡手形＋売掛金）
÷平均月商」

　売上債権回転期間は、売上が現金として入金となるまでの平均期間を表していますから、これが短いほど資金繰りは楽であり、逆に長いほど資金繰りを圧迫することになります。

　そして、売上債権回転期間は基本的には大きな変動はしないはずです。なぜなら、売り先との販売条件は頻繁に見直されることはほとんどないからです。それにもかかわらず、売上債権回転期間が長期化している場合は、資金繰りを圧迫していることの他に、そもそも私たちの見えないところで融資先に問題が発生していることが疑われます。

　売上債権回転期間が長期化している場合は、次のことを疑ってみる必要があります。

- 販売先に信用不安はないか
- 不良債権が発生していないか
- 架空売上はないか

　要するに販売先の資金繰りが悪化しており、売上金がなかなか回収できないのではないかという点です。実際にこのようなケースは少なくありません。

　融資先としても売上が入ってくることを前提に資金繰りを計画していますから、それが入ってこないと資金繰りが悪化します。資金繰りに余

裕があれば資金繰りを回すことは可能ですが、資金繰りがタイトな状態で入ってくるものが入ってこないとなると、最悪その会社の資金繰り自体がショートしかねません。

　売上債権回転期間が長期化している場合は、販売先から代金が回収できないことが要因ではないかを確認します。

　ではこれをどうやって確認すればいいかというと、まずは決算書の売掛金や受取手形の明細を数期にわたり見比べてください。そして同じ販売先で金額が同一のまま数期にわたり計上されている場合には、入金が遅延している可能性が大です。

　そのうえで、取引先に直接聞いてみることです。聞き方としては次のようなトークを試してみてください。

「御社の主要な販売先の回収条件を教えていただけないでしょうか？」
「A社あての売掛金が長期間にわたって同一金額で計上されていますが、これはいつ回収の予定ですか？」
「最近、他の担当先の社長と話をしていた際、入金を待ってくれと言ってくる先があり困っているとおっしゃっていました。社長のところでそのようなことはありませんか？」

　販売先の資金繰り悪化による代金回収の遅れを通り越して販売先がそもそも倒産してしまい、売上の焦げ付きが発生していないかということです。

　焦げ付きが発生し代金回収の見込みがないにもかかわらず、いつまでも売掛金など売上債権に計上したままでいると、売上債権回転期間の長期化として現れてくるのです。

　売上債権回転期間が長期化している場合、架空の売上を計上し売上や利益を水増ししていないかも疑う必要があります。

架空売上の計上がただちに売上債権回転期間の長期化につながるわけではありませんが、架空売上分を売掛金に計上した場合、その架空売掛金はそもそも存在しないわけですから、いつまで経っても回収されない、つまり売掛金として残ることになります。

そうなると売掛金全体の金額が多くなりますから、売上債権回転期間の長期化として現れてきます。

さて、売上債権回転期間の長期化は資金繰りに間違いなくマイナスの影響を与えます。先ほども説明したように、そもそも売上債権回転期間は変化しないのが原則です。それが長期化傾向にあるということは、取引先に何らかの異常事態が発生していることが考えられます。

その要因を把握できないと、なかなか融資の稟議は通らないのが現実です。そこで、取引先との日頃のコンタクトを生かして協力を得ながら解明に注力することが大切です。

②棚卸資産回転期間の分析

在庫は外部の人間には実際の保有高などは非常に分かりづらいため、分析には慎重を期す必要があります。

取引先の規模や事業形態によってあるべき適正な量は異なりますから、在庫量がどれくらいあるのかを計る物差しとして、平均月商対比の水準により判断します。つまり在庫回転期間です。

「棚卸資産回転期間＝棚卸資産÷平均月商」

これは、月商の何ヵ月分の在庫を保有しているのかを示しています。事業内容によって在庫回転期間は異なりますが、おおむね１ヵ月から２ヵ月程度が適正な在庫水準です。回転期間が２ヵ月を超過している場合は異常事態と捉えるとともに、資金繰りを圧迫していると考える必要があります。

第2章　融資稟議の基本手順

　棚卸資産はそれが販売されて初めて現金化します。つまり、棚卸資産である間はお金に姿を変えることはありませんから、長く持てば持つほど、そして必要量より多いほど資金繰りを圧迫することになります。

　棚卸資産回転期間が長期化している場合は、棚卸資産の中にすでに使えないもの、つまり不良化しているものはないのかを疑う必要があります。しかし取引先に確認しても、なかなか答えてくれません。

　そういう場合は実際に倉庫を見学させてもらい、直接自分の目で確認する必要があります。いずれにせよ棚卸資産は資金繰りという観点からはリスクとなります。そのことは経営者も十分に理解しています。

③買入債務回転期間の考え方

　仕入債務とは支払手形とか買掛金のことです。ここでも買入債務回転期間に注目します。

「買入債務回転期間＝（買掛金＋支払手形）÷平均月商」

「買入債務回転期間」とは支払手形や買掛金を最終的に現金で支払うまでの期間を示しています。

　買入債務回転期間が短期化すると資金繰りの圧迫要因となります。なぜなら、買入債務回転期間が短期化しているということは、今までよりも早く仕入代金を支払っているからです。

　資金繰りのことを考えれば、仕入資金の支払時期は遅ければ遅いほどよいわけです。それが逆に短期化しているということはなぜかを考える必要があります。

　早く支払うことで値引きが受けられるという積極的な理由もありますが、実際このようなケースは稀です。むしろ「仕入先から現金決済や前払いなど仕入条件を厳しくされているのではないか」と疑問を持つことが大切です。

045

その推理が正しければ取引先の資金繰りが悪化している何よりの証拠ですから、注意する必要があります。

最後に売上債権、棚卸資産、買入債務についてまとめると、これらは資金繰りの中心であるとととともに、それぞれの回転期間の異常値は資金繰りの異常値として捉え、これを解明することで取引先の資金繰り事情が見えてくるのです。

（7）経常収支のチェック

経常収支は取引先の総合的な資金繰りを判断する指標として極めて有効です。あくまでも事後の検証になりますが、経常収支を見ることで取引先の資金繰り内容をほぼ的確に理解することができます。

「経常収支」とは営業活動における資金収支の状況を示す指標です。経常収支の算出式は複雑ですが、今はコンピュータで計算され手計算する必要はなくなりました。

しかし、経常収支は資金状況を的確に示す指標ですから、仮に経常収支が赤字となった場合、何が原因で赤字となってしまったのか、ぜひ理解したいところです。それを理解することによって取引先の資金繰り状況が見えてくるからです。

ここでは複雑な経常収支の計算式を覚えることなく、簡略的に計上収支を計算できる方法を説明します。

「経常収支≒償却前経常利益-運転資金の増加」

①経常収支は現金ベースの経常利益

経常収支は現金ベースでの経常利益と言えます。

経常収支が黒字の場合はさておき、赤字の場合には何が原因なのかを解明する必要があります。経常収支が赤字ということは資金繰りがマイ

第 2 章　融資稟議の基本手順

ナスであることを示しています。資金繰りがマイナスであれば融資金の返済は理論上、不可能ですから、担当者は徹底的に赤字の原因を究明する必要があります。

　経常収支も利益も赤字の要因は比較的分かりやすいのですが、利益が黒字であるにもかかわらず、経常収支が赤字となるケースが少なくありません。こういうときこそ担当者の出番です。もう一度簡略の経常収支の計算式を思い出してください。

「経常収支≒償却前経常利益-運転資金の増加」

　利益が黒字にもかかわらず、経常収支が赤字となる原因は、この計算式から運転資金の増加となります。つまり黒字になったにもかかわらず、黒字以上に資金が必要だったため、経常収支が赤字となったのです。

　そこでなぜ運転資金に資金が必要となったのか、その原因を調べます。主な原因としては次のようなことが考えられます。

1 売上債権回転期間の増加

- 売上入金の遅延
- 不良債権の発生

2 棚卸資産回転期間の増加

- 不良在庫の発生
- 過剰な仕入れ

3 買入債務回転期間の減少

- 信用不安による仕入条件の悪化（＝現金仕入等）

　前記のことは、すべて資金繰りにマイナスを与える材料です。経常収支が赤字の場合には、多かれ少なかれこれら要因の最低一つには該当しています。そのため、何が原因なのかを取引先に確認することが大切です。

047

②経常収支の状況は数期間にわたって検証

　もっとも、経常収支は決算期日の休日要因などで赤字となったり、黒字となったりすることがあります。ですから、数期間にわたって経常収支の状況を確認するほうが、より的確に取引先の資金状況を判断することができます。

　そして実際に資金繰りが悪化している場合には、常に経常収支が赤字となっています。逆に業績も順調で資金繰りも順調な場合には、常に経常収支は黒字となっているものです。

　以上、債務者の属性や実態把握について説明してきました。次にいよいよ具体的な融資稟議について進めていきます。

第 3 章

融資稟議の判断材料

第3章　融資稟議の判断材料

　さて、ここからは具体的な融資案件審査について説明していきます。個別具体的な案件審査を行うことで融資稟議は完結し、最終的な融資可否を判断することになります。

　ところで、債務者の実態把握が終了し具体的な融資稟議を行うにあたり、何を根拠に融資の可否を判断すればよいのでしょうか。最初に融資稟議の判断材料について整理しておきましょう。

　個別の具体的な稟議は、すべてこれから説明するいくつかの判断材料をもとに融資の可否を決めていくことになります。

　その判断材料は具体的には次の項目です。

1 債務者の業績

2 資金使途

3 融資形態

4 保全

5 他行動向

6 資金調達余力

- 担保余力
- 信用保証協会の保証余力
- 経営者の資産余力

7 取引振り

8 狙い

１．債務者の業績について

　まず「債務者の業績」です。今まで述べてきた債務者の実態把握を踏

第3章　融資稟議の判断材料

まえて、最近の業績状況や前期決算以降の足許の業績状況を検討します。

また、ここでは財務状況に異常値や問題点がないかも検討します。そこで、実際に筆者が融資担当者として起案した稟議書の形式により説明します。

■ 業績についての記載例

記載例 1

【業況】2003年設立の内装工事業者。業歴は10年を超え上場会社を含め大手先主体に受注基盤を確立。前期は売上950百万円、経常利益10百万円と前々期に続いて増収増益決算。足許の業績は決算期以降5ヵ月経過の試算表にて売上500百万円、経常利益6百万円と引続き業績は順調推移。

【財務上の問題点】ここ数年、従来に比べて工期が長い大型工事を受注することが多く、そのため資金の立替期間が長期化し、資金繰りを圧迫。これらの資金繰りを維持するために借入金が増加してきており、これに伴い返済負担が増加。

記載例 2

【業況】1990年設立の広告代理店。業歴は20年を超え大手先を含めて受注ルートは確立。しかしながらここ最近は受注の占める割合が約3割と大きい先からの受注が減少していることから前期は売上350百万円、経常利益▲25百万円と3期連続赤字決算。足許も大きな改善は見られず決算期以降3ヵ月経過の試算表にて売上55百万円、経常利益▲8百万円と引続き業績は苦戦中。

【財務上の問題点】3期連続の赤字決算という苦しい状況が続いており、資金繰りの不足を手許資金の取り崩しにて主に対応。いまだ手許資金は相応に保有しているものの、業績の早期の改善見込みが薄く、さらなる手許資金水準の低下が懸念されるもの。

051

記載例 3

【業況】2010年設立の介護事業者。社会の高齢化に伴い需要は増加しているが、従業員が手薄な状況から業績は伸び悩み。前期は売上290百万円、経常利益2百万円と前々期比ほぼ横ばいの状態。

【財務上の問題点】需要の増加から従業員の採用を急速に増加中。このため人件費負担が増加しており資金繰りを圧迫。これを補うために借入金が増加している状態。

■ 稟議書の記載ポイント

債務者の業績についてよく見られる記載内容として、業績のマイナス面にまったく触れられていないことがあります。

現実には非の打ちどころがない決算書というのはほとんどなく、どんな取引先でも何かしらの問題点はあるものです。にもかかわらずマイナス面や問題点にまったく触れず、良いところだけを記載する、あるいは問題なしなどと記載された稟議書は少なくありません。

問題点に触れたくない気持ちは分かりますが、逆に良いことばかり書かれていると、上司に「この担当者は本当に分かっているのか？」といった疑問を生じさせ、逆効果になりかねません。

どんな取引先にも問題点はありますから、その点にも触れるようにしなければなりません。そのうえで足許の業績面などから、大きな問題でないことを説明すれば、「この担当者は取引先のことを分かっているな」という印象となり、読み手に説得力を与えることができるのです。

2．資金使途について

資金使途とは借入金を何に使うのかということです。設備資金に代表されるように使途が明確な場合はよいのですが、最も多い運転資金の場合は単に運転資金とするのではなく、「なぜ必要なのか」という要因に

第3章　融資稟議の判断材料

ついても分析することが必要です。

　ところで、資金使途はとても大切な判断材料です。私たちが行う融資で債務者は資金を調達し、その資金を活用して事業から生み出される利益が返済原資となるのが原則ですから、間違っても事業以外に流用されるようなことがあってはなりません。

　なぜなら、事業以外に使われてしまえば、債務者は新たな利益を生み出せないため、返済原資が確保されないことになります。そしてこのことは、融資の返済可能性が低くなることに直結しています。

　融資業務はただ貸すだけではなく、最後の1円まで回収されて初めて完結します。その意味で、この資金使途の確認は返済のスタート地点として大切な判断材料なのです。

　ここでもいくつか記載例を紹介します。

■ 資金使途についての記載例

記載例 1

　経常運転資金。需要の増加に伴い足許の売上が増加。これに伴い資金の立替負担が増加していることから、今回運転資金の借入れ申し出になったもの。

記載例 2

　経常運転資金。売上は横ばいなるも過去の運転資金借入れの返済が進んでいることから、今回改めて運転資金の申し出があるもの。現在の借入総額90百万円は所要運転資金110百万円の範囲に収まっており、申し出に一定の事由が認められるもの。

記載例 3

　経常運転資金。足許の売上はほぼ前期並みで変化はないが借入金の

053

返済が年間30百万円ほどあることから、資金繰り安定のため本件の申し出があるもの。当行宛の年間返済額は約10百万円であり、本件にて向こう1年間の当行宛返済を支援し資金繰りの安定を図るもの。

記載例 4

設備資金。当社の大阪工場の移転と同時に製造ラインの増設を行うもの。昨年大型の新規受注先を確保し現状では製造能力に限界があることから、今般大阪工場の移転を機に製造ラインの増設を図り増加している受注に対応するもの。

記載例 5

夏期の賞与資金として10百万円の借入れ申し出。例年当行より賞与資金を調達しており、今回も前回と同水準での申し出となったもの。

■ 資金使途に関する稟議書の記載ポイント

資金使途は融資稟議のスタート地点であり、避けては通れない部分です。設備資金など使途が明確なものはよいのですが、頭を悩ませるのが運転資金です。

資金繰り表などを取り受けて、運転資金であることが分かるケースならまだしも、実際このようなケースはあまりありません。かといって過剰な運転資金は実際よくありません。

したがって、一般的な運転資金として稟議を行う場合には、取引先の現在の運転資金の借入額と、案件の合計額が貸借対照表から計算される、いわゆる所要運転資金と現預金の合計の範囲内に収まっていることを確認します。

現預金は一般的に所要運転資金には入れませんが、手許資金として広

い意味では入れることができます。そして、これが所要運転資金と現預金の合計額に収まっている場合は、その旨を稟議書に記載すればよいでしょう。

一方で、所要運転資金と現預金の合計額に収まっていない場合には、設備資金に流れたり、赤字の補填に流れたりと悩ましいケースに該当してきます。

そのため、なぜ資金が必要なのかをしっかりと検証して稟議書に記載しなければなりません。

3．融資形態・条件について

次に融資の期間や利率の条件を検討します。皆さんもご存じの通り、融資期間が長いほど貸倒れリスクは高くなります。したがって、貸倒れリスクの観点からは融資期間は短いほど望ましいと言えます。

しかしながら債務者の希望もあり、現実の返済能力を加味して最終的に融資期間を決定することになります。また融資期間は資金使途にも左右されます。

運転資金は理論上、売上金回収までの資金のつなぎですから、長期よりも短期が望ましいとの判断になります。しかし、今後長期にわたって債務者の事業に寄与していくことから、融資期間は長期とすることも少なくありません。

そこでいくつか記載例を紹介します。

■ 融資形態・条件についての記載例

記載例 1

手貸、融資期間6ヵ月、利率1.975％。納税資金であり期間は6ヵ月とし利率は前回と同水準を適用。

記載例 2

手貸、融資期間10ヵ月、利率2.1％。今回受注した工事代金回収までのつなぎ資金であり、返済原資となる工事代金回収期日と併せて融資期間は10ヵ月とする。利率は今回の返済原資は明確であることから、既存の短期融資利率より0.1％低い2.1％の適用を許容。

記載例 3

証貸、融資期間３年、利率1.65％。ここ最近の業績は安定しており長期運転資金として期間３年を許容。利率については他の金融機関との競合上、前回よりも低水準の適用を許容。

記載例 4

手貸、融資期間１年、利率2.25％。不動産の短期プロジェクトであり融資期間は１年とする。利率は前回の短期プロジェクト融資と同水準である2.25％を適用するもの。

記載例 5

証貸、融資期間２年、利率2.975％。資金繰り支援を目的とした運転資金。当方より融資期間１年の分割返済を申入れしたが、返済負担から当社は期間３年を希望。しかし当社の資金繰り状況はタイトであることも勘案して融資期間は２年とするもの。

記載例 6

証貸、融資期間20年、利率2.125％。賃貸アパート購入資金であり当社側からは期間20年の申し出。購入する不動産にて保全充足することや、期間20年であればキャッシュフローによる返済が可能と思料され、融資期間については当社の申し出通り20年を許容。

第3章　融資稟議の判断材料

記載例 7

当貸、融資期間１年の一括返済、利率1.475％。業績堅調な先柄であり他の金融機関との競合も激しい先。他の金融機関も当貸形態にて積極対応していることから、取引維持の観点からも当行も当貸にて対応いたしたいもの。

記載例 8

証貸、融資期間10年、利率1.65％。現在他の金融機関から借入れしているものを肩代わりするもの。現在の借入期間の残存は10年であり今回同様の期間設定とするもの。利率については肩代わりを当方より提案してきたものであり、現在よりも低利率となる1.65％の適用を許容。

記載例 9

証貸、融資期間５年、利率1.50％。経常運転資金としての対応であるが、業績堅調な先柄であり期間５年を許容。

記載例 10

商手極度、契約期間１年、利率1.475％。当社の回収はその大半が手形であり、手形割引にて当社の運転資金ニーズに対応するもの。

■ 稟議書の記載ポイント

　融資形態・条件について記載する際のポイントは融資の期間です。

　不動産や預金などで完全に保全が確保されている場合は別として、実務で多いのは無担保扱いを許容するケースです。金融機関としては融資の期間が長くなるほどリスクは高まるため、この観点からは期間は短いほどよいことになります。一方で融資の期間が短いと、逆に取引先の返

057

済負担が高まることになります。

　無担保扱いであれば、期間は３年から５年が限度と考えますが、そのような期間を許容しても取引先は大丈夫だということを訴えます。逆に取引先の信用面などに不安がある場合は、期間を１年とか２年にして起案することも一つの考え方です。

４．保全について

　融資は債務者の事業から生み出される収入などで返済されるのが原則です。しかし、融資後の債務者の業績の悪化などから、返済が困難となることも現実としてあります。

　そのような場合に備えるのが保全で、その代表的なものが物的担保です。保全が確保できるのなら良しとします。しかし、多くの場合は保全が確保できない、つまり無担保融資を許容しています。そのようなケースでは、当然ながら無担保を許容しても大丈夫かどうかを判断することになります。

　そこでいくつか記載例を紹介します。

■ 保全についての記載例

記載例 1

　当社に対しては現在本社不動産に根抵当権50百万円を設定中であり、担保価格は50百万円。今回の融資は他の融資と併せてもこの50百万円以内であり、本件後も引続き保全は充足しているもの。

記載例 2

　今回の融資50百万円に対して社長の自宅マンションに根抵当権50百万円を設定。担保価格は20百万円であるが、時価ベースでは50

第3章　融資稟議の判断材料

百万円が認められるもの。担保価格では30百万円の保全不足となるが、時価ベースでは充足するものであり許容したい。

記載例 3

当社に対してはすでに本社不動産に根抵当権70百万円を設定中であり担保価格も70百万円。今回の融資により当社に対する総与信は100百万円となることから30百万円の保全不足が生じるが、他行も積極的に無担保にて対応していることや業績堅調であることを勘案、許容したい。

記載例 4

現在社長自宅に設定している根抵当権の極度を現状の30百万円から50百万円に増額。担保価格は30百万円であるが、時価ベースでは50百万円が認められるものであり、本件は時価ベースの保全の範囲内。

記載例 5

全額無担保許容。業績堅調であることや、他行も積極対応中であることを勘案、無担保扱いを許容いたしたいもの。

■ 稟議書の記載ポイント

保全が十分に確保される場合は悩むことはないのですが、多くのケースでは全額あるいは一部は無担保扱いを許容することになる案件です。そのような場合は、法人や代表者個人資産で担保余力があれば、その事実を記載します。

また取引振りを確認し、預金平残が一定程度認められる先については、流動保全として考えることもできます。

完全な無担保扱いを許容する場合は、業績面や他行の取引条件を記載

059

して、許容することに問題がない、あるいはやむを得ないことを記載します。

5．他行動向について

　複数の金融機関と取引のある債務者の場合は、他の金融機関の対応状況も融資稟議の判断材料となります。なぜなら、対応次第で債務者の資金繰りに大きな影響が出てくるからです。

　例えば、他の金融機関が債務者に対する融資に消極的になった場合、そこで穴が開いてしまった資金繰りを他の方法などで埋め合わせができないと、債務者の資金繰りに支障が出てしまう可能性があります。

　資金繰りを維持できるかどうかの観点から、他の金融機関の対応状況は融資稟議の判断材料となるのです。これを具体的に確認するには次のような方法が有効です。

1 経営者や経理担当者に他の金融機関の訪問頻度や融資提案状況を確認する。

2 マル保融資だけではなく、プロパー融資も対応しているかどうかを確認する。

3 定期的な金融機関別の融資残高表を取り受け、金融機関ごとの融資対応状況を確認する。

■ 稟議書の記載ポイント

　他行の動向は必ず触れなければならない項目です。複数の金融機関に融資取引がある場合、それぞれの金融機関の融資にて取引先の資金繰りが維持されていると考えることができます。中には一つの金融機関が融資取引に慎重な場合は、それを他の金融機関が負担する必要があり、それが無理なら取引先の正常な資金繰りは維持できなくなります。

第3章　融資稟議の判断材料

したがって、他の金融機関が取引先に対して積極的に融資の提案を行うなど、日頃の状況を稟議書に記載します。他の金融機関が積極姿勢であれば、今回の融資案件も検討しやすくなります。

逆に、他の金融機関が消極姿勢にもかかわらず融資を検討する場合には、主力行であり取引先の資金繰りを支援する立場であるなど、その理由を記載します。

6．資金調達余力について

業績がどれだけ不振でも、資金繰りが続く限り会社は倒産しません。特に中小企業は大企業と比べて財務基盤が脆弱なうえ、外部環境の変化で業績が大きな影響を受けるという特徴があります。

したがって、中小企業向けの融資においては業績に依存した判断は危険とも言えます。

一方で、先ほども説明したようにどれだけ業績が不振でも、資金繰りが続く限り会社は倒産しません。逆の言い方をすれば、どれだけ業績が順調でも資金繰りがショートしてしまえば、その時点で会社の活動は停止してしまうということです。

したがって、資金繰りが続くかどうか、資金繰りを維持するために資金の調達能力があるかどうかは、融資判断においては最も重要なことなのです。では、どのようにして債務者の資金調達能力を検証するのでしょうか。

債務者が中小企業の場合は、次の3点により資金調達能力を検証することができます。

1 担保余力

2 マル保の保証余力

3 経営者個人の資産余力

①担保余力

まず、債務者自身に担保余力があるかどうかです。担保余力とは担保となるべき不動産や有価証券などを保有しているかどうかです。担保があれば金融機関から融資が受けられる可能性が高まります。

したがって、担保余力の有無を資金調達余力の判断材料として考えることができます。

②マル保の保証余力

マル保（信用保証協会）の保証があれば、金融機関からの融資が受けやすくなります。逆にマル保の保証余力がなければ、金融機関がプロパー融資に応じない限り資金調達余力は著しく減少します。

このことから、マル保の保証余力は資金調達余力の判断材料の一つと考えることができます。

③経営者個人の資産余力

債務者に見るべき資産がなくても、経営者が自宅などの資産を保有し、さらにそれらに担保余力があれば、経営者の自宅を担保にして資金を調達することができます。

また、不動産でなくても多額の金融資産があれば、それを会社に投入することで資金繰りを維持することができます。

次に資金調達余力についての記載例を紹介します。

■ 資金調達余力についての記載例

記載例 1

代取は自宅不動産を所有しており、推定時価は40百万円。この不動産に担保設定はなく、担保余力が認められるもの。

第3章　融資稟議の判断材料

記載例 2

代取は自宅不動産を所有しており、推定時価は80百万円。住宅ローン負債はあるが、現在残高は30百万円ほどであり、時価ベースで50百万円ほどの担保余力が認められるもの。

記載例 3

債務者および代取とも所有不動産は有しておらず、担保余力は認められないもの。

記載例 4

現在当社は他の金融機関にてマル保の利用が20百万円程度あり。当社の業績を勘案すれば、まだ一定の保証余力が期待できるもの。

記載例 5

当社は現在マル保の利用なし。足許の業績は堅調とは言えないが、無担保にて30百万円程度の保証余力は認められるもの。

■ 稟議書の記載ポイント

資金調達余力があれば、今回の融資の返済可能性が高まりますから、その事実を積極的に稟議書に記載します。

逆に資金調達余力がない、あるいは乏しい場合には、将来、取引先の資金繰りが行き詰ってしまうおそれがあるため、他行が積極的に対応しているとか、当面の資金繰りに問題がないことの検証結果を記載します。

7．取引振りについて

取引振りとは融資取引以外の取引のことです。代表的なものは預金口

座の利用です。売上の入金口座として利用することや、いろいろな支払いの振込に預金口座を利用することです。

預金口座の残高の推移や入金状況などは、与信管理に大いに役立つものであり、融資先の足許の業況を直接的に把握することができます。毎月の入金額が減少しているとか、預金残高が減少しているなどの兆候は、融資先の業績悪化を示すものです。

融資審査の中心は決算書による財務内容の分析ですが、決算書に示された数字はあくまでも過去のものです。融資審査時点の融資先の業況は大きく変化しているかもしれません。

前期の決算内容が良好で融資に積極方針であっても、預金残高が急激に減少しているなど、足許の業績の悪化が懸念される場合は、融資姿勢を消極方針に変更する必要も出てくるでしょう。もっとも、これを融資提案の機会と捉えて逆に積極的な融資の売込みを行う場合もあります。

また、取引振りがついている債務者とついていない債務者とを比較した場合、当然ながら取引振りがついている債務者の方に積極的な姿勢が取りやすくなります。

■ 稟議書の記載ポイント

融資稟議のおける取引振りはズバリ「預金平残」です。取引振りが良好で預金平残もある場合は、それを流動保全として認めることができるため、そのことを稟議書に記載します。

逆に取引振りが不十分な場合は、今後の改善可能性について触れておきます。

8. 融資取引の狙いについて

融資判断材料の最後は取引の狙いです。この融資を行うことの意義や目的などを検討するのです。融資シェアの向上、取引振りの拡大などい

第3章　融資稟議の判断材料

ろいろな意義や目的があります。

そこでいくつか記載例を紹介します。

■ 取引振りについての記載例

記載例 1

A社は長年の当行主力先。しかしながら、B信用金庫の取引攻勢が激しく当行シェアは減少傾向にあるもの。これ以上のシェア低下は主力行として位置付けが揺らぐ可能性もあり、本件はシェア回復のためにもぜひ積極対応いたしたいもの。

記載例 2

近隣の優良先として従来より取引の拡大を図ってきている先。今回の融資対応により、現在C銀行にて行っている国内為替を当行にシフトが実現するもの。優良先として今後も積極方針にて対応したい先柄であり、本件ぜひともご承認賜りたい。

記載例 3

D社は当行準主力先。業績低迷により資金繰りが不安定になっているもの。主力行は先月、融資実行により当社の資金繰りを支援済み。今回準主力行としてシェア相当の融資により当社の資金繰りを支援いたしたいもの。

記載例 4

今回当社は東南アジアに現地法人を設立し、今後本格的に海外進出を行う予定。海外進出に伴い今後、外為取引が期待できることもあり、今回の融資はぜひとも対応し、取引メリットの拡大を図りたい。

記載例 5

業績順調な先柄として、従来より積極的に融資対応を行っている先。今回の融資により、シェアでは当行は主力行としての位置付けを確保できるもの。取引メリットも今後拡大が見込める先であり、本件積極対応いたしたい。

■ 稟議書の記載ポイント

　文字通り、この融資を行うことにより取引先とのメリットがどのようなものがあるのかを具体的に記載します。また、この取引先と今後どのような関係を築きたいのかも触れるといいでしょう。

第 **4** 章

対話で理解する
融資稟議の実際

第4章　対話で理解する融資稟議の実際

　第4章では実際に筆者が対応した稟議について、よくある事例を中心に紹介していきます。
　債務者の状況などを含めて個別の融資案件に対して、どのような考え方で稟議を組み立て、それを具体的にどのように稟議書に記載したのかを学んでください。

事例1：業績順調なＡ社への運転資金の提案

＜債務者の概況＞

(単位：百万円)

	3期前	2期前	1期前
売上高	990	1,050	1,230
経常利益	35	55	65
自己資本	205	250	300
総借入金	250	210	190

　Ａ社は展示会の企画やそれに伴う装飾等の工事業者です。国内の大都市中心に営業基盤を有し、ここ最近の業績は好調で増収増益決算が続いています。資金繰りは安定しており、実際のところ金融機関からの借入れは不要な先です。常に借入金を上回る現預金を保有しており、実質無

第4章 対話で理解する融資稟議の実際

借金体質。金融機関取引は全部で4つです。

＜今回の取上げ経緯＞

　業績順調な先柄として当方より前々より融資を積極提案していた先。度重なる提案交渉の結果、Ａ社より借入れの応諾を得たものです。金額は100百万円で全額無担保扱いです。

＜担当者の考え方＞

　業績順調で資金繰り状況も問題なく、かつ当行との取引振りも良好であることから、無担保100百万円は対応可能と判断。判断の拠り所は当行の預金平残が常に100百万円以上あることと、他の金融機関も常に積極対応中であることなどです。

＜社長との交渉過程＞

担当者：社長、相変わらず業績がいいですね。どうしてこのように順調なのですか？

社　長：それほど順調とは思っていないけど。

担当者：いやいや、実際に同業他社の多くは業績順調とは言い切れない状態です。そんな中で社長のところは好調を維持しています。

社　長：強いてあげるなら、社員が育ってきたことが大きいかもしれないね。今までは私が出ていかないと話が進まなかったけれど、最近では社員が独力でまとめてくるようになったから。

担当者：なるほどそうですか。ところで前々からご提案させていただいている融資の件ですが、今月か来月で何とかお願いできませんか。

社　長：お金は要らないよ。前々から言っていると思うけど…。ただ何回も熱心に提案してもらっているから、無担保であれば考えてもいいよ。

＜上司との事前協議＞

担当者：今回無担保なのですが、長期運転資金100百万円を検討させていただきたいと考えています。

上　司：えっ、100百万円を無担保で…。それはちょっと行きすぎじゃないの。

担当者：会社と社長は見るべき不動産などを保有していませんから、無担保とはなります。しかし、A社との取引振りは相当充実しており、当行の流動性預金の平残は少なくともここ１年間は、常に100百万円を上回っている状態です。さらに手形の取立もいただいており、期日未到来の手形も100百万円程度あります。ですから無担保扱いといっても、預金や手形の残高を勘案すれば広義の保全は取れています。

上　司：なるほど…。そういうことか。

担当者：はい、どうでしょうか。

上　司：期間は３年ね。分かった、稟議上げてくれる。

担当者：はい、すぐに準備します。

＜稟議書の記載内容＞

債務者の概況

2003年設立の展示会の企画や展示会場の装飾などの施工業者。国内の主要な大都市に営業基盤を有し、ここ最近の業績は増収増益決算にて良好。常に借入金を超える現預金を有しており実質無借金体質であり、資金繰りも無難に推移中。

第4章　対話で理解する融資稟議の実際

資金使途

経常運転資金。前期決算ベースの所要運転資金は約200百万円であり、運転資金の要因は十分に認められるもの。

融資形態・条件

証貸、期間３年の分割返済、利率1.65％。

保全

全額無担保扱い許容。業績堅調なことに加えて当行との取引振りは充実しており、融資額以上の預金平残や取立手形残あり。広義の保全は確保されており無担保扱いに懸念ないものと思料。

資金調達余力

会社および代表者に見るべき所有資産なし。一方でマル保は他の金融機関合計で足許の利用残は20百万円程度。当社の規模や業績を勘案すれば一定の保証余力は十分に認められるもの。

狙い

業績順調な先柄として他の金融機関も積極対応先。当行との取引振りも充実しており今後さらなる取引メリットが期待できるもの。本件対応し取引基盤の強化を図りたい。

＜稟議のポイント＞

　実務では非常に多い案件です。つまり金融機関側から融資の提案を行うものです。稟議のポイントは業績好調でかつ預金平残という流動保全が確保されているという点です。

　このような取引先に対しては、無担保扱いでも積極的に融資を検討することができます。逆の言い方をすると、業績好調で取引振りが良好な先をターゲットとして、無担保扱いで積極的に融資提案を行うということです。

071

事例２：売掛入金の遅延に伴う運転資金の申し出

＜債務者の概況＞

(単位：百万円)

	3期前	2期前	1期前
売上高	220	205	210
経常利益	1	1	1
自己資本	15	15	15
総借入金	55	50	48

　Ｂ社は地質調査と建物の基礎工事を施工する業者。現社長が設立し業歴は40年と長い先です。当行は準主力行としての位置付けで取引歴は10年程度です。

＜今回の取上げ経緯＞

　基本的にＢ社は借入金を圧縮する方針で臨んでいますが、今回特定の売掛先からの月末に予定されていた入金が遅延する見込みです。この入金分は同社の資金繰りに見込まれていたため、資金繰りに狂いが生じ、今回運転資金の申し出に至ったもので、融資金額は10百万円です。

＜担当者の考え方＞

　準主力行との位置付けですが、融資シェアが準主力と言えるだけで融資以外の取引振りは弱い先柄です。今回の資金要因は売掛先の一部から

第4章　対話で理解する融資稟議の実際

の入金遅延によるものであり、どちらかというと後ろ向きの要因です。
　このような要因によるものは、本来なら主力行に相談してもらいたい
ところですが、これを一定の取引振りの確保ができる機会と捉え、申し
出を検討することにしました。

＜社長との交渉過程＞

担当者：いつも資金繰りをしっかりされている社長としては、今回
　　　　は珍しいですね。

社　長：うちもまさかと思っているのですよ。昨日、相手から電話
　　　　があって、支払いを少し待ってくれと言われて…。本当は
　　　　断りたいんだけど、長い取引のあるところなので断れなく
　　　　てね。

担当者：そういうことですか。今回のお借入れは当行以外にもご相
　　　　談されているのですか？

社　長：いや、お宅以外には話してないよ。お宅からの借入れの返
　　　　済がだいぶ進んでいるので、今回はお世話になろうと思っ
　　　　て…。

担当者：それはありがとうございます。ところで入金が遅れた分で
　　　　すが、いつ頃入金の予定ですか？

社　長：一応、来月の中旬には入金すると言われているよ。あそこ
　　　　の社長とは長い付き合いだから間違いないと思う。ただい
　　　　つまでも入金されないと困るから。

担当者：そうですか、分かりました。融資の期間はどうしますか？

社　長：来月中旬には入ると思うから、１ヵ月でいいんじゃないか
　　　　と思う。

担当者：１ヵ月ですか…。ずいぶん短いですね。上の者と協議をし
　　　　なければいけませんが、先ほど社長が言われたように、う

073

ちの融資は前回から10百万円ほど返済が進んでいますが、これを元に戻させていただいて、期間は前回同様３年で検討したいと思っています。

社　　長：それは任せるよ。

担当者：ありがとうございます。ところで社長、一つお願いがあります。当行も御社とお取引をいただいてから一定の時間が経過しました。そろそろ売上の入金に当行の口座を指定いただくなど、取引の拡大をお願いしたいのですが…。

社　　長：そうだね。ただ売上の入金口座は、ずっと以前から他の金融機関にしているので、それを変えるのは面倒だな。

担当者：既存の先は難しいとは思いますので、今後新規取引先が決まったときに当行の口座を使っていただけませんか。それとお借入れのない金融機関に定期預金が20百万円ほどありますが、これを当行に移していただけませんか？

社　　長：それは構わないよ。あの金融機関とは義理もないし。昔からあのままだから。満期になったらお宅に移すように経理部長に言っておくよ。

担当者：ありがとうございます。ぜひよろしくお願いします。

＜上司との事前協議＞

担当者：B社より運転資金として10百万円の借入れ希望を受けました。要因は一部の売掛先からの入金が遅延することです。

上　　司：あまりやりたくない要因だな。あそこの主力はA銀行だから、そこでやってもらえればいいじゃないか。

担当者：確かにそうですが、当行からの借入れが減っているから今回声をかけたと言われました。実際、金融機関別の借入残表を見ると、当行からの融資の返済が一番進んでいます。

第４章　対話で理解する融資稟議の実際

上　司：担当としてはどうしたいの。

担当者：担保をいただくのは難しいですが、今後、他の金融機関に預けている定期預金20百万円を、来月の満期日に当行に預け替えていただこうと思います。

上　司：なるほど。それはいいね。

担当者：Ｂ社とは一定の取引歴がありますが、残念ながら現在のところ融資以外の取引は皆無です。今回の資金要因は社長も少し困っているようでした。社長は古い考え方の人なので、恩義はきちんと分かっていただけると思います。ですから今回の融資を契機に、取引振りの改善は期待できると思います。

上　司：よし分かった、稟議を上げて。ただし定期預金20百万円は確実にもらうように。

担当者：分かりました。

＜稟議書の記載内容＞

債務者の概況

業歴40年を有する地質調査および建物基礎工事業者。受注先は大手先を含めて幅広く獲得。最近の業績も安定推移中。

資金使途

経常運転資金。手許預金水準を高め資金繰りの安定を図るもの。

融資形態・条件

証貸、期間３年の分割返済、利率2.375％。

保全

全額無担保扱い許容。見るべき担保資産はなく、他行も無担保扱いにて対応中。業歴長く事業基盤も確立されていることから無担保扱いを許容いたしたい。

075

資金調達余力

会社および代表者に見るべき所有資産なし。一方でマル保は他の金融機関合計で足許の利用残は30百万円程度。当社の規模や業績を勘案すれば一定の保証余力は十分に認められるもの。
また他行も当社には前向き対応中であり、他行からの調達可能性も十分あるものと思料。

狙い

資金繰り安定のため本件の運転資金を支援するもの。今後取引振りの改善も見込める先であり本件対応いたしたい。

＜稟議のポイント＞

　本件は取引先が売掛金の入金遅延で困っている状態です。このような案件については、焦げ付きではなく必ず入金されることを見極めるとともに、本件を契機に取引先との取引を深めることができるかどうかがポイントです。この２点を必ず稟議書に記載して起案します。

事例3：資金繰り多忙先への運転資金の復元融資・その1

<債務者の概況>

(単位：百万円)

	3期前	2期前	1期前
売上高	950	940	975
経常利益	25	25	28
自己資本	20	28	35
総借入金	550	560	555

　C社は人事コンサルタント会社。コンサルの受注先は大手先企業中心で事業基盤は確立されており、ここ最近の業績は安定して推移しています。問題は借入金の返済負担が重いことです。おおむね年間200百万円の返済負担があり、資金繰りを維持するために毎年返済相当額の新規借入れが必要となります。

<今回の取上げ経緯>

　決算更新後の今期計画説明時に併せて、今年度の資金調達の説明がありました。借入れの返済負担が重い体質に変わりはなく、今年度も返済相当額の200百万円を調達予定とのこと。
　調達先は各金融機関あての年間返済額と同水準で、当行には年間返済額相当の40百万円の融資申し出です。

＜担当者の考え方＞

　例年のことであり、Ｃ社の資金繰りを維持するために少なくとも当行返済分の支援は必要です。ただその取上げにあたっては、他の金融機関もきちんと支援を行うことが前提となります。

　他の金融機関の一部に融資に難色を示すところが出てくれば、それ以外の金融機関に資金繰り支援のしわ寄せが発生する懸念があります。担当者としては、主力行や他の金融機関の対応状況を見極めたうえで、応分の支援を検討する考えです。

＜社長との交渉過程＞

担当者：私どもの返済相当額は、今回も対応させていただきたいと思います。他の金融機関さんには依頼されましたか？

社　長：はい、昨日までですべての金融機関に融資をお願いさせていただきました。返事はこれからですが、そのときの様子では、皆さん支援してもらえると考えています。

担当者：そうですか。金融機関別の借入状況や返済状況が分かるものをいただけますか？

社　長：はい、こちらに用意できています。

担当者：先ほども申し上げた通り、今回のお申し出には対応をさせていただきたいと考えております。ただその前提として、他行さんも融資に応じていただく必要があります。ですから、随時他行さんとの交渉状況について教えていただけますか。それが稟議のポイントになりますので。

社　長：電話を含めて他行さんとの交渉状況はご連絡します。なお主力のＢ銀行さんからは応諾いただいており、具体的な手続きを進めているところです。

担当者：分かりました。今後もどうぞよろしくお願いいたします。

第4章　対話で理解する融資稟議の実際

＜上司との事前協議＞

担当者：C社より例年のように借入れの復元資金の申し出がありま
　　　　す。当行の年間返済額は40百万円であり、今回、同金額の
　　　　申し出を受けました。他行にも同様の申し出をすでに行っ
　　　　ており、総調達額としては200百万円になります。

上　　司：本当にここは返済負担が重いな。他行は大丈夫かな。

担当者：C社の説明によれば、現在のところ主力行からは了解の返
　　　　事をもらっており、手続きに入っているとのことです。

上　　司：それはそうだろ。主力行にはとにかく一番で対応してもら
　　　　わないと心配だからな。全部で何行に申し込んでいるの？

担当者：当行を含めて全部で7つです。当行と主力行以外は5つの
　　　　金融機関になります。

上　　司：う〜ん。C行は大丈夫だと思うけど、D行はどうだろう。
　　　　融資依頼額が大きいから、ここがこけると困るね。

担当者：金融機関との交渉状況については随時連絡をいただくこと
　　　　になっています。

上　　司：分かった。やってもいいけど、他行の状況はしっかり把握
　　　　しておいて。ダメなところが出てきたら、そのときは再協
　　　　議を頼みます。

担当者：分かりました。

＜稟議書の記載内容＞

債務者の概況

　大手先主体に事業基盤が確立されている人事コンサルタント会社。
ここ最近の業績は安定しており無難推移中。
　問題点は借入れの年間返済負担が重いこと。今年度は約200百万円
の返済予定があり、取引金融機関からの返済復元資金の支援が資金

079

繰り上必須の状態。

資金使途

経常運転資金。既存の借入れ返済を含めて資金繰りを維持するために今回の申し出があるもの。

融資形態・条件

証貸、金額40百万円、期間3年の分割返済、利率2.9375％。

保全

全額無担保扱い許容。見るべき担保資産はなく、他行も無担保扱いにて対応中。

資金調達余力

会社および代表者に見るべき所有資産なし。マル保は現在保証限度額一杯まで利用中であり、現状は保証余力なし。ただし今後の返済進捗に伴い、保証余力は発生してくるものと思料。
他の金融機関も例年運転資金の復元には応じており、今年度も調達が可能なものと思料。

狙い

資金繰り安定のため本件の運転資金を支援は必須のもの。他の金融機関にも同様の申入れをすでに行っているものであり、本件にて当行宛の年間返済額を支援するもの。

<稟議のポイント>

　本件の可否判断の分岐点は、当行だけではなく他行も融資に応じるかどうかという点です。なぜなら、各金融機関が協力して取引先の資金繰りを支援する必要があるからです。ですから、各金融機関の対応状況は稟議書への記載が欠かせません。各金融機関が支援に前向きなことを前提にして組立が可能となる案件です。

事例４：資金繰り多忙先への運転資金の復元融資・その２

<債務者の概況>

(単位：百万円)

	3期前	2期前	1期前
売上高	950	1,010	990
経常利益	5	7	4
自己資本	35	37	38
総借入金	480	520	515

　D社は内装工事業者。設立以来、オフィスの小規模工事を主体に事業を行ってきましたが、5年ほど前から大規模工事に参入しています。大規模工事への参入に伴い工事期間も長期化し、資金の立替負担が増加しました。これを補うために借入金が増加し返済負担も増加。資金繰りが常にタイトな状態にあり注意を要する先柄です。

<今回の取上げ経緯>

　決算後に向こう1年間の事業計画の説明があり、当行に年間返済相当の40百万円の融資申し出がありました。

<担当者の考え方>

　当行は主力行でありD社の資金繰りを支援する位置付けにあります。ただしD社は工事進捗管理に甘いところがあり、それに加えて大規模工

事への参入により、資金の立替負担が増加しています。

　売上債権回転期間が最近は6ヵ月超と異常値が続いています。支援にあたっては、この異常値を解明することが不可欠と思われます。

＜社長との交渉過程＞

担当者：今回もお申し出通り支援させていただきたいと考えていますが、前々から指摘させていただいているように、売上債権回転期間が異常に長いことの理解が不可欠です。なぜこんなに長いのですか？

社　　長：それほど長いという意識はないんだけど…。

担当者：あくまでも理論上の話ですが、決算書から算出される数値は異常値を示しています。簡単に説明しますと、売上金の回収に6ヵ月超を要しています。これが御社の資金繰りがタイトになっている一番の原因です。

社　　長：当社は大規模工事のみならず、昔からの小規模な工事も並行して受注しています。現在受注している工事は大小合わせて全部で100以上ありますが、これをすべて私が管理するのは物理的に不可能です。

担当者：全部の工事を社長が管理されなくてもいいのではないですか。実際、100以上の工事を社長1人で管理することなどできません。各担当者から毎日報告をさせればいいのではないですか。

社　　長：恥ずかしい話ですが、そこまでできる社員はあまりいません。そのため、結局は私が管理をしないといけなくなるのです。だから工事代金を請求できるのに、できていないものが結構あります。売上債権回転期間が長くなっている原因はここにあるのではないでしょうか。

第4章　対話で理解する融資稟議の実際

担当者：御社は有名な大規模工事にも参入されており、業績自体は悪くありません。問題は社長も認識されている通り、代金回収の甘さです。これがきちんとなされれば、資金繰りに日々頭を悩ませる必要もなくなると思います。そろそろ抜本的な解決策を検討されたほうがよろしいのではありませんか。

社　　長：抜本的な解決策とは…どうすればいいですか？

担当者：御社にはそのような管理ができる人が経理に1人しかいません。1人ではとても工事代金の請求管理まで手が回らないでしょう。しっかりとした社員を新規に採用されて、管理体制を強化されたらよいのではありませんか。

社　　長：社員を採用すれば人件費の負担が重くなります。

担当者：確かに人件費は増加しますが、管理をきちんとされることで資金繰りはきっと改善するはずです。長期的には得策ではないかと思います。

社　　長：分かりました。採用についてはこれから真剣に考えていきます。

＜上司との事前協議＞

担当者：D社より運転資金として40百万円の申し出があります。

上　　司：またあそこか。資金繰りは大丈夫なの？

担当者：前回から大きな改善は見られません。相変わらず厳しい状態が続いています。

上　　司：こんなことを続けていたら、いつまでも持たないぞ。うちも毎回融資できるわけじゃないし。社長はどう考えているの？

担当者：正直、多忙なせいもあり、社長自身はまだしっかりと考え

083

てくれてはいません。

上　司：それは困るな。本来なら我々ではなく社長が考えないといけないことだぞ。

担当者：おっしゃる通りです。それで先日社長と面談したときに、内部管理の強化を図るため、しっかりとした人を新規採用してはどうかという話をしました。

上　司：それで社長の反応は？

担当者：正直言って、まだ弱いです。

上　司：そうか。社長とアポイントを取ってくれ。私から直接社長に話してみよう。

担当者：ありがとうございます。ぜひよろしくお願いします。

上　司：それで今回は40百万円の相談だったね。うちは主力だから対応しないといけないとは思うけれど、いつまでも続かないよ。社長にしっかりと内部管理を強化してもらって、資金繰り改善してもらわないとね。

担当者：そうですね。

上　司：まあ、やらないといけない話だと思うから稟議を上げて。社長とのアポイントは頼むな。ちょっと強めに言うから。

担当者：分かりました。

＜稟議書の記載内容＞

債務者の概況

業歴20年の内装工事業者。従来は小規模工事の受注が主体だったが、数年前より大規模工事の受注も開始。これに伴い業容は拡大傾向。問題点は売上債権回転期間が6ヵ月超となるなど資金負担が増加し資金繰りが圧迫されていること。社内の内部管理の甘さもありこの改善が喫緊の課題。

第4章　対話で理解する融資稟議の実際

資金使途

経常運転資金。今後1年間の当行宛返済が40百万円あり。本件にて資金繰りの安定を図るもの。

融資形態・条件

証貸、金額40百万円、期間3年の分割返済、利率2.975％。

保全

当社不動産に根抵当権50百万円設定中。ただし当社に対する総与信はすでに50百万円を超えており、本件は全額無担保扱い許容。
取引振りは徐々に改善してきており、広義の流動保全は増加傾向。

資金調達余力

会社不動産に根抵当権50百万円を設定中であるが担保余力はなし。また代取に保有不動産はなし。マル保もすでに限度額一杯まで利用中であり現在のところ保証余力はなし。今後の返済進捗により一定の余力は生じるものと思料。
他の金融機関も例年運転資金の復元には応じており、今年度も調達が可能なものと思料。

狙い

主力行として当社の資金繰りを支援するもの。内部管理等経営指導を行い、資金繰りの改善を図っていきたい。

＜稟議のポイント＞

　本件は財務面の異常値を解明することが欠かせない案件です。

　実際のところ、大半の取引先には財務面の弱点があります。稟議書への記載ではついつい良いことばかりを書いてしまいがちですが、財務面の弱点を正面からとらえ、そのうえでの判断は逆に説得力を持たせることができます。

　本件の問題は売上債権回転期間が長期化していることでした。その原因を取引先との面談で徹底的に把握し、それに向けての今後の改善策を示すことがポイントです。

事例5：業績不振先から資金繰り資金の申し出

<債務者の概況>

(単位：百万円)

	3期前	2期前	1期前
売上高	550	350	310
経常利益	15	−40	−45
自己資本	240	200	160
総借入金	101	95	90

　E社は広告代理業者。業歴は40年ほど有する長い先で、数社の大手企業を顧客として有しており、過去の蓄積も認められる先です。しかし、数社の主要顧客のうち1社からの受注が激減し、E社の業績はここ3期減収減益決算です。

　足許の2期は大幅赤字決算となり、これはE社設立以来の出来事です。過去の蓄積から未だに相応の手許資金を有していますが、最近の業績悪化に伴い低下傾向にあります。

<今回の取上げ経緯>

　赤字補てんに伴いE社の手許資金水準が低下しました。そこで、日々の資金繰りに支障を来さないようにするため、今回、運転資金として30百万円の融資申し出がありました。

第4章　対話で理解する融資稟議の実際

＜担当者の考え方＞

　当行は主力行でありＥ社の資金繰りを支援する位置付けにあります。問題は業績の悪化に歯止めがかかるかどうかです。

　主要先からの受注激減が業績悪化の原因ですが、この先からの受注回復は容易には見込めない模様です。今後、どのようにして業績を回復していくかをしっかり見極めないと、安易に融資には対応できないと思料します。

＜社長との交渉過程＞

担当者：受注が減った先からの回復見込みはどうですか？

社　長：厳しいと思っています。あちらにも事情があり、そのことを考えると容易に受注の回復は見込めません。

担当者：そうですか、それは残念ですね。今後、どのように対応されていくおつもりですか？

社　長：いつまでも状況を見守ってばかりではいけないので、新規先の獲得など本格的な対応を取っていかなければと思っています。社員にも朝礼で当社の厳しい状況を説明しました。この状況が続けば１年後には当社は存在しないとも言いました。社員にも危機意識を持ってもらって、今まで以上に働いてもらわないといけないと思っています。

担当者：そうですか、厳しいですね。

社　長：私も社長として先頭に立ってやっていくつもりです。おかげさまで、１社と新規契約ができそうな状況です。受注が元に戻るような規模ではありませんが、一つひとつ積み上げていくしかないと思っています。これから頑張っていきますよ。

担当者：分かりました。私どもとしても長年のお取引先ですから、

087

　　　　今回のお申し出にはぜひとも対応をさせていただきたいと
　　　　考えています。

社　　長：ありがとうございます。正直、ある程度の資金がまだ手許
　　　　にありますから、今すぐどうなるという状況ではありませ
　　　　ん。ただ手許に不安があると、これからの受注活動に心理
　　　　的にブレーキがかかってしまいます。そこで念のために融
　　　　資の相談をさせていただきました。

＜上司との事前協議＞

担当者：E社は主要な受注先からの大幅減の影響が大きく、最近の
　　　　業績は大幅な赤字が続いており厳しい状況です。

上　　司：社長は何か言っていた？

担当者：先日の面談では、いつまでも既存先からの受注回復を待っ
　　　　ていられないので、自らも含めて新規先の獲得に注力して
　　　　いると言っていました。現に1社の新規獲得が決まりそう
　　　　です。

上　　司：社長には何度か会ったことがあるけど、しっかりしている
　　　　ね。まあ大丈夫だとは思うけど、今回はいくら貸してくれ
　　　　と言っているの？

担当者：30百万円です。

上　　司：手許の資金は今どれくらいあるの？

担当者：ざっと100百万円ほど残っているようです。

上　　司：じゃ、すぐにどうのこうのとはならないな。あの社長のこ
　　　　とだから早めに声をかけてきたということかな。

担当者：おっしゃる通りです。社長もすぐにどうかなる状況ではな
　　　　いと言っていました。今後のことを考えて保険の意味で今
　　　　回の申し出になったものだと思います。

第4章 対話で理解する融資稟議の実際

上　司：そうだろうな。その手許預金はうちにあるんだよね？
担当者：全部ではないですが、大半は当行の口座にプールされています。
上　司：分かった。うちは主力行だし助けてあげないと。稟議を上げて。
担当者：分かりました。

＜稟議書の記載内容＞

債務者の概況

業歴が長い広告代理業者。主要顧客の一角からの受注が大幅に減少しているため、ここ最近は2期連続赤字となるなど厳しい業績内容。ただし過去の蓄積を相応に有しており、すぐの信用不安の懸念はないものと思料。
問題点はここ最近の業績が大幅に悪化していること。早期の受注回復は期待できず。新規先の獲得など業績の回復に努力途中。

資金使途

経常運転資金。ここ最近の厳しい業績から手許水準が従来より低下。このため本件により資金繰り安定の申し出があるもの。

融資形態・条件

証貸、金額30百万円、期間3年の分割返済、利率1.975％。

保全

定期預金20百万円の担保取り受け中。本件後は20百万円の保全不足が生じるが、手許資金もいまだ相応の水準を有しており、懸念ないものと思料。

資金調達余力

会社に見るべき資産なし。代取は自宅不動産を有するも住宅ローン負債から担保余力は認められず。
マル保は当行にて利用中。足許の業績から大きな保証余力は期待できないが、過去の蓄積が大きく、一定の余力は期待できるもの。

089

■ 狙い

長年の当行主力先。最近の業績悪化から今回資金繰り安定のため借入れ申し出があるもの。取引振りは当行に集約されている先柄でもあり、本件主力行として支援いたしたい。

＜稟議のポイント＞

本件は、主力金融機関として業績が悪化している取引先の資金繰り支援を行うかどうかを見極めないといけない案件です。

この会社との取引は融資シェア上で主力金融機関というばかりではなく、日頃の取引振りからも名実ともに主力金融機関という位置付けです。このような観点から今回の案件を謝絶した場合、他に資金調達の手段は容易には見つけられず、資金繰りが行き詰るおそれが多分にあります。

足許の業績は悪化していますが、事業基盤は大手主体に確立されていること、経営者が真面目な性格でもあり、真に支援の必要性を訴えることが稟議のポイントです。

第4章　対話で理解する融資稟議の実際

事例6：グループ会社間の貸借が多いF社からの申し出

<債務者の概況>

(単位：百万円)

	3期前	2期前	1期前
売上高	850	785	790
経常利益	245	55	55
自己資本	755	790	835
総借入金	150	140	145

　F社は総合的な経営コンサルタント業。数多くの専門家を社内に有し、幅広い顧客とコンサルタント契約を締結しており業績は安定的に推移しています。過去の蓄積も厚く自己資本比率も90％と良好な水準を維持しています。問題点としては子会社に多額の投融資があることです。

<今回の取上げ経緯>
　今後、大きなコンサルタント契約の受注が予定されており、資金繰りを安定させるために運転資金として50百万円の融資申し出がありました。

<担当者の考え方>
　業績は良好に推移しており、自己資本比率も高く信用面には不安がありません。ただ問題は、複数の子会社に多額の投融資があることです。そのため、運転資金として融資したものが間接的にせよ子会社あての投

融資に流用されてしまう懸念があります。この点にどうやって歯止めをかけるかが、本件対応のポイントです。

＜社長との交渉過程＞

担当者：相変わらず好調な業績で推移しています。さすがですね。

社　長：いや、それほどでもないですよ。

担当者：ところで、今回大きな契約が決まりそうということですが…。

社　長：そうです。今月末には契約になると思います。大型のコンサルタント契約で期間も２年間と長いのです。コンサルタント料は２回の分割で、１回目は１年後、２回目はコンサルタント契約終了時の２年後となります。そのためこの間の資金の立替が大きくなります。資金といってもほとんどが人件費ですが。何とか融資をお願いしますよ。

担当者：随分長い資金の立替が発生するのですね。そこまで長いと、さすがの御社も資金繰りに少し悩みが出てしまいますね。

社　長：そうなんです。

担当者：分かりました。基本的には前向きに対応させていただきたいと考えています。ただ問題は、以前にもご指摘させていただいたように、御社の複数の子会社に多額の投融資があることです。率直に申しますと、御社に今回運転資金として融資させてもらったものが、結果として子会社あての投融資に流れてしまうのではないかと心配しています。資金使途の違反は今後のお取引にも悪影響を及ぼしますので、何とか避けたいのです。

社　長：それはよく理解しています。子会社あての投融資は過去のコンサルタントにおいて、その会社を買収したものです。

それが投融資として残っているのです。日々の資金繰りは子会社自身でやっていますから、当社からその資金が回ることはありません。

担当者：そうすると、今の投融資は過去のものであって、現在は新たな投融資は子会社に行っていないということですね。

社　長：その通りです。間違いありません。

担当者：分かりました。今回の資金はあくまでも運転資金として使っていただけるものとして協議を進めます。くどいようですが、くれぐれも投融資にお金が流れないようにお願いします。

社　長：分かっています。ご迷惑をおかけするようなことはしませんから。

＜上司との事前協議＞

担当者：Ｆ社より大きなコンサルタント契約の受注に伴い、その立替負担を理由として運転資金として50百万円の申し出があります。

上　司：う〜ん。あそこはグループ会社に多額の融資があったね。それに使われることはないのかな。

担当者：私としてもそのことは非常に気になっており、Ｆ社に確認しました。

上　司：それでどうだった？

担当者：現在の投融資は過去のコンサルタントの過程で、子会社を買収したときの資金のようです。確かに多額の投融資勘定がありますが、ここ数年残高は増えていないので、Ｆ社の説明は間違いないと思います。

上　司：そうならいいけど。仮に運転資金として融資したものが間

接的にせよ、新たな投融資に流れてしまっては非常にまず
いことになるよ。

担当者：私もそう思いまして、そのことは率直に同社に伝えました。
　　　　Ｆ社からは今回はあくまでも新規のコンサルタント契約の
　　　　受注に伴う、人件費を中心とした立替負担に起因するもの
　　　　であること、現在新たな投融資の予定はないことの確認を
　　　　取っています。

上　司：そうか。信じていいのかな。

担当者：何度か社長とは会っていますが、今まで話と違ったことは
　　　　一度もありませんでした。今回も信じて大丈夫だと思いま
　　　　す。

上　司：分かった。Ｆ社の懸念はその資金使途の点だけだ。業績に
　　　　は問題ないからな。じゃ、稟議を上げて。

担当者：はい。分かりました。

＜稟議書の記載内容＞

債務者の概況

総合的な経営コンサルタント業。社内に多くの専門家を有し、取引
先からの信頼も厚い。毎期の業績も安定推移中。
問題点はグループ子会社に多額の投融資を行っていること。これは
過去の経緯からのものであり、最近は新規の投融資は発生していな
い。

資金使途

経常運転資金。今回大型のコンサルタント契約を新規受注予定。こ
のため人件費を中心とした立替負担が発生するため、今回の運転資
金の申し出に至ったもの。

融資形態・条件

証貸、金額50百万円、期間３年の分割返済、利率1.5％。

第4章　対話で理解する融資稟議の実際

保全

当社が神奈川県に有する不動産に根抵当権50百万円設定中。本件後30百万円の保全不足が生じるが、当社の業績および他行の良好な対応状況勘案、保全面に不安ないものと思料。

資金調達余力

会社に当行が設定している不動産以外にも担保余力がある複数の不動産を所有。
マル保は現在未利用。当社の業績を勘案すれば50百万円程度の無担保での保証余力は十分に認められるもの。

狙い

当社自体は優良な総合コンサルタント会社。今回大型の資金コンサルタント契約受注に伴う前向きな運転資金申し出。グループ間で多額の貸借が存在するが、グループ全体としては懸念はないもの。本件対応し、一層の取引メリットの確保に努める所存。

＜稟議のポイント＞

　今回の稟議の難しさは、グループ会社間で多額の投融資があることでした。運転資金として融資したものが投融資に流用されることは、あってはならないことです。

　すでに多額の投融資がある取引先ですから、今回の運転資金融資が再びこの投融資に流用されるリスクは高いと言わざるを得ず、いかにそのリスクを下げられるかがポイントでした。

　正直、このような点についての決定打はなく、取引先をいかに信用できるかです。そこは取引先に正面から流用は許されないことを説明し、確約を取り信じることで進めざるを得ませんでした。

　なお、グループ全体では業績が無難に推移しており、最終的な回収には不安が少ないことが幸いしました。

事例7:他行肩代わり防止のための融資提案

＜債務者の概況＞

(単位:百万円)

	3期前	2期前	1期前
売上高	330	335	340
経常利益	6	5	7
自己資本	95	97	102
総借入金	50	45	40

　G社は人材派遣業。小体先ですが事業基盤は確立されており、毎期安定的な業績を維持しています。資金繰り状況も良好で、基本的には自己資金により資金繰りを維持できる財務体質です。

＜今回の取上げ経緯＞

　当行の一行取引先であり、融資取引のみならず経常取引や社長個人の取引もすべて集約されている先です。資金需要は乏しく、最近は新たな融資は実行していません。

　ただ、最近は他の金融機関から当行よりも有利な条件で融資提案が頻繁になされています。このまま何もしなければ、いずれ当行取引の全部または一部が他の金融機関に奪われるおそれがあるため、運転資金30百万円を現状よりも低利率で提案しました。

第4章 対話で理解する融資稟議の実際

＜担当者の考え方＞

社長は当行に厚い信頼を寄せており、他行から頻繁な提案があっても基本的には取引を移す意思はないと思われます。

ただし、他行から当行よりも有利な条件での取引勧誘が頻繁になされていることを社長から直接聞いており、このまま何もしなければ、何らかの機会に取引の全部あるいは一部が他行に奪われかねないという懸念があります。

そのため、あらかじめ当行より提案を行い、引続きの取引維持を図ることが目的です。

＜社長との交渉過程＞

担当者：相変わらず手堅くご商売をされていますね。

社　長：いやそうでもないです。最近の状況は厳しいですよ。

担当者：そのようには感じられませんが…。ところで、Ｄ信金さんからの取引提案は今も続いているのですか？

社　長：そうですね、昨日も電話がかかってきたので、Ｄ信金さんに言ったんですよ。うちは決まった銀行さんがあって、そこに大変お世話になっているから、何度来られてもお取引できませんよと。

担当者：ただ担当者としては、それほどＤ信金さんが提案に来ていると聞くとやはり心配になります。

社　長：大丈夫ですよ。浮気はしませんから。

担当者：ありがとうございます。御社には現在（資料を見せながら）このような条件でお借入れいただいております。前回の融資から相当時間が経ち、残高が大分減少してきました。今回、前回よりも低利率で対応させていただきますので、新たな借入れをご検討いただけませんか？

097

社　　長：いや遠慮するよ。現状お金は余っているから。

担当者：そうですよね。資金が十分におありだということは分かっています。ただこのままでは1年足らずで完済になってしまいます。何とかご検討いただけませんか？

社　　長：そんなに残高が減っているの？　うちは必要ないけれど、日頃からお世話になっているし、利率を下げてくれるなら嫌という理由はありませんね。検討させてもらいます。

担当者：ありがとうございます。次回は上席からもご提案させていただきます。

＜上司との事前協議＞

担当者：最近、G社にはD信金が頻繁に取引の提案をしています。社長は浮気しないと言っていますが心配です。前回の融資が1年足らずで完済になりますから、前回よりも利率を引き下げて借入れをしてもらい、D信金の新規参入を阻みたいと考えています。

上　　司：あの社長は大丈夫だとは思うけど、やっぱり分からないからな。確かにあなたの言う通り、先手を打っておくことも必要だね。

担当者：足許の業績も相変わらず堅調です。取引振りも引続き当行に集約しています。D信金の取引参入を許してしまうと、融資取引のみならず取引振りが奪われる可能性もあります。そのことを防止するためにも、ここで新規融資を行って取引維持を万全にしたいと思います。

上　　司：分かった。利率は任せるよ。

担当者：ありがとうございます。来週、社長と会って詳しい案内をする予定です。そのときに同席いただけませんか？

第4章　対話で理解する融資稟議の実際

> 上　　司：もちろん会うよ。社長とはしばらくご無沙汰だし、アポイ
> 　　　　　ントは頼むよ。
> 担当者：分かりました。

＜稟議書の記載内容＞

債務者の概況

小体先なるも堅実な人材派遣業。足許の業績も安定推移中。

資金使途

経常運転資金。前回融資の返済が進捗しており、今回それを復元し当社の資金繰り安定を図るもの。

融資形態・条件

証貸、金額30百万円、期間5年の分割返済、利率1.475％。

保全

全額無担保扱い許容。取引振りは当行に集約されており、実態的な保全は充足されているものと思料。

資金調達余力

会社には見るべき資産なし。代取個人には自宅不動産はじめ複数の資産があり、時価ベースでは50百万円程度の担保余力が認められるもの。
マル保は現在未利用。当社の業績を勘案すれば50百万円程度の無担保での保証余力は十分に認められるもの。

狙い

取引振りが良好な当行一行先。ここもと他の金融機関から積極的な取引勧誘有。業績堅調であり、当社との取引防衛のためにも本件積極対応いたしたい。

＜稟議のポイント＞

取引先の中には非常に良好な関係が維持されており、他の金融機関に

099

絶対に取引を取られたくない先があります。しかし、大丈夫だろうと思っていても他行からの積極的な攻勢があると、場合によっては新規参入を許すことにもなりかねません。

　本件はそういう取引先に対して取引防衛の観点から行う融資案件でした。このような財務内容や取引振りがしっかりしている取引先は、融資稟議項目にはほとんど問題がないことが多いため、稟議自体に苦労することはありません。

　本件のポイントは、担当者ばかりではなく支店長など上席者にも同様の気持ちを持ってもらうことです。事前に関係者に根回しを行うことで、稟議自体はスピーディに決裁されると思います。

第4章　対話で理解する融資稟議の実際

事例8：外為取引を狙ったH社への運転資金の提案

<債務者の概況>

(単位：百万円)

	3期前	2期前	1期前
売上高	360	355	365
経常利益	5	5	5
自己資本	55	56	58
総借入金	70	65	71

　H社は魚介類の輸出業者。国内で仕入れた鮮魚類を海外の工場で加工し、それを主に東南アジアに輸出しています。取引金融機関は当行を含めて2つ。しかし、残念ながら取引の大半は他の金融機関に集約されている先柄です。

<今回の取上げ経緯>

　当行との取引は2年ほど前に始まったばかりであり、現在は5百万円ほどの融資取引しかありません。他行に集約されている輸出取引の獲得はいまだにできておらず、何とか一部でも当行へのシフトを狙っています。今回、新たな食材の仕入案件を聴取し、それに関わる運転資金を取り上げて輸出取引の獲得を期待しています。

101

＜担当者の考え方＞

　他行との取引歴は当行よりはるかに長く、取引の大半はしっかりと集約されている状態です。取引メリットの大きい輸出取引を何とか一部でもシフトをしてもらいたく、他の金融機関より有利な条件の提示を継続していますが、未だ実現していない先柄です。

　今回、Ｈ社に新たな資金需要が発生しており、それを支援しつつ念願の輸出取引の獲得に結び付けたいと思っています。

＜社長との交渉過程＞

担当者：いつもありがとうございます。今回新たな食品を仕入れられるのですか？

社　長：まだ話は途中ですが、順調にいけば来月あたりには正式に決まると思います。

担当者：それはよろしいですね。ところで今回はどういった商売になるのですか？

社　長：北海道からホタテを仕入れます。うちは今までどちらかというと海外産の魚が中心だったので、国内の商材を扱うのは初めてなのです。そのホタテをうちの提携工場で加工してもらい、東南アジアに輸出するというスキームです。

担当者：それは楽しみですね。東南アジアへの輸出は円建てで行うのですか？

社　長：為替リスクを考えれば円にしたいのですが、先方の希望もあり、たぶん米ドル建てになると思います。

担当者：輸出はＬ／Ｃベースですか、それとも送金ベースですか？

社　長：送金ベースで行う予定です。ただ商品が届いてから送金してもらうことになりそうなので、仕入れの支払いが先に立ちます。

第4章　対話で理解する融資稟議の実際

担当者：その資金はぜひともうちで検討させてもらえませんか。

社　長：それはいいけど、マル保は枠が一杯なので難しいんじゃな
　　　　いかな。プロパー融資はできるんですか？

担当者：もちろんです。ぜひ検討させてください。

社　長：まだ他行には話していないけど、プロパー融資でやっても
　　　　らえるのなら、お願いしますよ。

担当者：ありがとうございます。今回のご融資でお役に立てた暁に
　　　　は、ホタテの輸出はぜひ当行で取扱いをさせていただけま
　　　　せんか？

社　長：お金を借りた以上はお宅でやりますよ。そうでないと面白
　　　　くないでしょう。

担当者：ご理解いただきありがとうございます。では早速帰ってプ
　　　　ロパー融資を検討させていただきます。最近の試算表があ
　　　　ればいただきたいのですが…。

社　長：2ヵ月前のものならあるけど、それでいいかな。

担当者：はい結構です。

＜上司との事前協議＞

担当者：今回、Ｈ社は東南アジアに新規で国内産のホタテを輸出す
　　　　る案件を検討しています。この取引が成立すれば、資金の
　　　　立替も発生します。今日、社長と話をしたのですが、20
　　　　百万円ほど融資を受けたいとのことでした。私からはぜひ
　　　　検討させていただきたいことと、この取引に関わる輸出は
　　　　当行で取扱いをさせてほしいと言いました。

上　司：それで社長は何と言っていたの？

担当者：前々からお願いされているし、今回借入れができるのなら、
　　　　この輸出は当行を利用する旨の回答を得ました。

103

上　司：プロパー融資は可能なの？

担当者：業績は安定に推移しています。担保は難しいですが、主力
　　　　行もプロパー融資を出しています。

上　司：外為はほしいところだけど、外為だけでは実際はなかなか
　　　　難しい。やはり今回のような融資の話を紐付しないとね。

担当者：今日、足許の試算表をもらってきまして、今期も前期並み
　　　　に推移していることは確認できました。

上　司：分かった。とりあえず20百万円程度なら無担保でも大丈夫
　　　　だろう。その代わり輸出は間違いなく取ってくれよ。

担当者：分かりました。

＜稟議書の記載内容＞

債務者の概況

魚介類を中心とした輸出業者。代取の前職での人脈を生かして事業
を転換し、営業基盤確立先。足許の業績も安定して推移している先
柄。

資金使途

経常運転資金。今回国内のホタテを仕入れて、それを東南アジアに
輸出する新規契約を獲得。資金の立替が発生するため本件にて対応
するもの。

融資形態・条件

証貸、金額20百万円、期間３年の分割返済、利率1.775％。

保全

全額無担保扱い許容。業績が安定していることに加え、主力行も無
担保融資にて積極対応中。

資金調達余力

法人個人に見るべき所有不動産なく担保余力はなし。
マル保は他行分併せて現在50百万円ほど利用中。返済進捗により保

第4章　対話で理解する融資稟議の実際

証余力は認められるものと思料。

狙い

当社は外為取引があるがこれは現状すべて主力行に集約されている
もの。今回の融資取上げにより本件スキームに関わる輸出取引は当
行にて囲い込みが図れるもの。本件支援し、外為メリットを追求し
たい。

＜稟議のポイント＞

　本件のポイントは融資を通じて外為取引を確保するところにありま
す。つまり、融資をテコにして取引メリットを確保するということです。
このような案件の融資稟議において、具体的などのような取引メリット
が確保できるのかを十分に説明することが大切です。

　当然ですが、融資を行う以上は回収リスクが付随します。そのリスク
を取って融資するに見合う取引メリットが必要となるのです。

　本件は外為取引を確保するというのが具体的な取引メリットです。融
資によって確実にこの取引が確保できることを取引先に十分納得しても
らい、それを踏まえて稟議を行うことが大切です。

事例9：過剰在庫を抱えるI社への運転資金の検討

<債務者の概況>

(単位：百万円)

	3期前	2期前	1期前
売上高	1,050	880	850
経常利益	35	10	6
自己資本	150	155	158
総借入金	460	455	450

　I社は雑貨類の卸業者。海外から季節に合った商品を仕入れ、国内の小売業者に卸しています。同社の問題点は、現在過剰在庫を抱えていることです。季節性の強い商品のため売れ残りが一定数発生します。数年前に大量に仕入れた商品の多くが売れ残っていることから、現在の在庫水準は月商の半年程度となっています。適正な在庫水準は3ヵ月程度です。

<今回の取上げ経緯>

　検討のきっかけはI社にある輸入為替の取引獲得です。取引金融機関は当行を含めて5行あり、当行は過去融資取引があったものの現在は与信ゼロです。この状態では輸入為替の取引獲得は現実的に困難であり、何とか融資ができないか検討をしていたものです。

第4章　対話で理解する融資稟議の実際

＜担当者の考え方＞

　過剰在庫を抱えている状態であり、容易には融資が検討できない先柄。拠り所としては他行の支援状況の確認と過剰在庫の早期解消。この2点がしっかりすれば、融資への道が開かれるものと考えました。

＜社長との交渉過程＞

担当者：お世話になります。御社とは過去融資のお取引がありましたが、残念ながら今はありません。何かの機会に取引の再開をお願いしたいと思っています。

社　長：御行と融資の取引がなくなったのは残念だと思っています。他行さんが対応してくれていますが、今後のことも考えると、また御行と融資取引ができればと考えています。

担当者：ありがとうございます。主力行さんをはじめ他行さんとは、どういう融資取引をされているのですか？

社　長：もっぱら当座貸越で極度をもらっています。全部合わせて5億円ほどの当貸枠がありますから、今のところ資金繰りに支障はまったくありません。

担当者：それだけ当貸枠があれば安心ですね。それと率直に申し上げて在庫が非常に多くなっています。このあたりはどのようにお考えですか。

社　長：3年ほど前に大量に仕入れた夏物商品が冷夏の影響もあり、たくさん売れ残ってしまいました。これは正直失敗しました。卸先からも十分な商品供給の要請があったことで、計画以上に仕入れてしまったのが原因です。

担当者：そういうご事情だったのですね。

社　長：ただ幸いにも売れない商品ではありません。社員には定期的に倉庫を見せて「これが売れないとお金にならないよ」

107

と言って、問題意識を共有させています。今は半年程度の在庫を抱えていますが、適正な在庫水準は月商の３ヵ月分程度だと考えています。今後は仕入計画を今まで以上に厳密に行い、早期に在庫水準の改善を図っていくつもりです。

担当者：そうなのですね。一度、私にもその倉庫を見せていただくことは可能ですか？

社　長：うちはオープンにしているので構いませんよ。他行さんからも同じような依頼がありますから。

担当者：ありがとうございます。ところで融資取引の再開ですが、これが実現すれば、御社の仕入れつまり海外送金を当行で取扱いをさせてもらうことは可能ですか？

社　長：もちろんです。お借りした資金は海外送金にも使いますから、そのときは御行で送金をお願いしますよ。

担当者：では持ち帰ってご融資の検討をさせていただきます。

＜上司との事前協議＞

担当者：Ｉ社に融資を検討したいのですが、問題点が一つあります。それは、過剰な在庫を抱えていることです。前期決算では月商の半年ほどの水準になっています。

上　司：それは多いな。売れる見込みは？

担当者：はい、別に陳腐化しているものではないようです。過去の夏物商品として大量に仕入れましたが、それが見込み通りに売れず過剰な水準になっています。今は仕入れを極力抑制して、在庫の早期適正化を図っています。

上　司：それで倉庫は見たの？

担当者：まだですが、来週見学させてもらうことになっています。

上　司：倉庫見学には私も同行しよう。実際に見ないと売れるかど

第４章　対話で理解する融資稟議の実際

うか判断できないからね。

担当者：ぜひお願いします。

上　司：それでどのくらいの融資を考えているの？

担当者：他行は当貸形態で多いところで極度100百万円、少ないと
　　　　ころで50百万円の対応をしています。当貸枠の合計は500
　　　　百万円です。すべて無担保のようです。ですから、当行も
　　　　当貸で極度50百万円を検討したいと思っています。

上　司：それで、その他の金融機関の当貸は全部使っているの？

担当者：先日は400百万円弱を使っていると言っていました。

上　司：そうすると、まだ100百万円程度は利用できるということか。

担当者：また当行から融資が出たときには、その資金で海外送金を
　　　　当行で使うと言われていました。

上　司：分かった。倉庫を見て社長と話して決めよう。今の話が事
　　　　実なら50百万円はいけると思う。

＜稟議書の記載内容＞

債務者の概況

季節性の強い雑貨商品の卸売り業者。複数の大手小売業者に販路を
持っており事業基盤は確立されているもの。ここ数期は減収減益決
算を余儀なくされているが、他の金融機関の厚い支援により資金繰
りは安定。
問題点は過剰在庫。足許の在庫水準は月商の半年程度。これは過去
の仕入計画の失敗によるもの。社長以下在庫圧縮に向け仕入計画の
見直しを含めて早期適正化に注力中。

資金使途

経常運転資金。商品の仕入資金に主に充当。

融資形態・条件

当貸、極度50百万円、利率1.475％。

保全

全額無担保扱い許容。法人個人に担保余力がある所有不動産なく、他の金融機関も無担保にて対応中。

資金調達余力

法人個人に見るべき所有不動産なく担保余力はなし。
マル保は他行分併せて現在30百万円ほど利用中。当社の業容を勘案すればあと30百万円程度は少なくとも保証余力があるものと思料。

狙い

当社とは過去に融資取引があったものの、現在は解消となっているもの。過剰在庫の問題を抱えているが、他の金融機関の厚い支援体制が確立されており、資金繰りに問題はないもの。本件対応し外為取引の獲得など取引振りの確保を図りたい。

＜稟議のポイント＞

　本件は過剰在庫を抱えている先に対して輸入取引を確保する狙いから行う融資案件です。

　本件のポイントは2つあり、一つは財務上の問題がI社に与える影響を見極めること、そしてもう一つは取引メリットの確保です。この取引先の財務上の問題点は過剰在庫ですから、それが解消可能なのかどうか、それと在庫負担によって資金繰りに問題がないかどうかをまず検証することです。

　その検証結果から早急な不安がないことが確認できたら、次はどのような取引メリットを確実に確保することができるのかを記載します。本件のように取引メリットを確保するには、ある程度のリスクテイクが避けられません。しかしそのリスクテイクが大きすぎては困ります。

　ですから、取引メリットは確保したいが財務上の問題点を抱える先には、まずその問題点が取引先にとって致命傷になることはないのかを確認できることが前提となります。

第4章　対話で理解する融資稟議の実際

事例10：過剰在庫を抱えるＪ社から運転資金の申し出

＜債務者の概況＞

(単位：百万円)

	3期前	2期前	1期前
売上高	580	886	664
経常利益	15	65	20
自己資本	350	380	390
総借入金	245	345	380

　Ｊ社は創業以来100年を有する老舗の絵画販売店。国内の有名画家の取扱いが多く、最近では海外オークションも利用して絵画販売の幅を広げています。課題は在庫が多いことです。同社の取扱い絵画は１点当たり50百万円を超えるものもあり、かつ商売柄長期保有となってしまう体質にあることが一つの要因。この絵画在庫の負担が資金繰りに圧迫につながっています。

＜今回の取上げ経緯＞
　今回、国内有名画家作品を仕入れることになり、その仕入資金として50百万円の融資申し出がありました。

＜担当者の考え方＞
　今回仕入れる絵画は広く国内に知られている画家の作品であり、Ｊ社

111

の仕入意欲には一定の理解はできるものです。ただし、すでに大量の絵画を商品在庫として保有していることから、今回の申入れには正直消極的な考えです。

＜社長との交渉過程＞

担当者：お世話になります。今回、また素晴らしい絵画を仕入れることになったのですね。

社　長：そうです。またかとお叱りを受けるとは思いますが、今回の絵画は滅多に出回らないものです。今回仕入れができないと、永久に手に入らない可能性もあるのです。それで無理を承知でお願いさせてもらいました。

担当者：そうですか。すぐに売れますかね。

社　長：それは分かりません。ただ今回の絵画は江戸時代に描かれた年代ものです。こういったものは持てば持つほどその価値は上がります。すぐに売ることが果たしてよいかどうかは…。

担当者：お気持ちは分かります。しかし売れるまで資金が寝てしまうことになるので、資金の効率化の観点からは難しいところですね。

社　長：銀行さんはそのようにおっしゃいますね。ただ年代物の絵画は先ほども申し上げたように、持てば持つほどその価値が上がっていくものです。資産としてお考えいただけないでしょうか。

担当者：お考えは分かるのですが、私どもは運転資金、つまり商品販売までのつなぎとしてご融資をさせてもらっています。在庫が長期化しますと、それだけ資金繰りを圧迫することにもなりますし…。

第4章　対話で理解する融資稟議の実際

社　長：銀行さんの言うことも分かります。経理から在庫の回転を速くしろと言われています。うちにあるのはこのような絵画ばかりではありません。それで3ヵ月ほど前から店舗で販売するだけではなく、海外オークションを使って販売することを始めました。これがうまくいけば在庫も減っていくと思います。

担当者：そうなるといいですね。

社　長：いずれにせよ、今回はまたとない絵画を仕入れるチャンスなので、何とか資金をつけていただけませんか。

担当者：分かりました。持ち帰って検討させてください。

＜上司との事前協議＞

担当者：J社からまた年代物の高額な絵画を仕入れるので、借りたいとの申し出を受けています。

上　司：あの社長また買うの？　買うよりも売るほうが先じゃないの。

担当者：はい、そのことは社長に申し上げましたが、なかなか理解してくれないのです。

上　司：困ったものだな。それで出せるのか。

担当者：幸い過去の融資の返済が進んでおり、担保が40百万円ほど空いています。今回の希望額は50百万円ですから、10百万円の保全不足が生じますが、返済が進めば半年後には担保の範囲内に収まります。

上　司：そういうことか。半年程度で倒産することはないだろう。ただ今回、融資すると当分新たな融資は難しくなるよ。

担当者：そうですね。そのことはまだ伝えていませんが、一両日中に話そうと思っています。

113

上　司：よろしく頼むよ。次から次へと借入れの相談をされても困るから……。じゃ、明日にでも社長に話して当面は新規融資が難しいことを了解してもらえれば、今回は出すことにしよう。

担当者：分かりました。明日連絡してみます。

＜稟議書の記載内容＞

債務者の概況

創業以来100年超を有する絵画販売業者。取扱絵画は年代物が多く高価格な商品が中心。知名度も高く一定の固定客も確保されているもの。

問題点は過剰在庫。絵画という商品の特性上、在庫期間が長期化してしまう傾向があり。この在庫負担のため当社の資金繰りが圧迫されているもの。同社としては海外でのオークションを新たに利用し、在庫の流動化を促進していく計画。

資金使途

経常運転資金。商品の仕入資金に主に充当。

融資形態・条件

証貸、金額50百万円、期間５年、利率2.475％。

保全

既存の不動産担保があるも本件後10百万円の無担保扱い発生。ただし返済進捗により半年後には担保の範囲内収束するもの。

資金調達余力

法人には担保余力がある物件はなし。代取個人においては相応の金融資産を有するものと推測され、代取からの資金繰り支援の可能性があるものと思料。

マル保は半年前に限度額一杯まで利用しており、現状ではまだ保証余力はないもの。

第4章　対話で理解する融資稟議の実際

■ 狙い

長年の主力先。今回絵画の仕入資金として本件の申し出。在庫過多になっているが、本件後の無担保扱いは半年後には解消されることも勘案し、今回の申し出に応じたい。

＜稟議のポイント＞

過剰在庫という財務上の問題点を抱える先からの融資依頼をいうのは、正直あまり嬉しくありません。ただし主力行として取引先の資金繰りを維持するために、対応を検討しなければならないことも少なからずあります。

このような案件の場合は、財務上の問題点に対して取引先自身がどういう解決策を予定しているのかをしっかりヒアリングし、その実現可能性を検証することが大切です。そして場合によっては保全策を十分に確保する必要もあります。

本件は在庫が絵画であり、価格次第では圧縮することが可能であることや、すでに不動産担保を取得しており、今回の融資で無担保扱いの部分が発生するものの、短期間に収束する見込みがあったことから稟議の起案に至りました。

115

事例11：3期連続赤字のK社への復元融資の申し出

<債務者の概況>

(単位：百万円)

	3期前	2期前	1期前
売上高	580	545	550
経常利益	－25	－40	－35
自己資本	115	85	55
総借入金	185	190	170

　K社は精密機器の販売業者。受注先は官公庁主体であり、設立以来安定した業績を確保しています。しかし昨今は入札方式による価格競争に敗れ、業績低迷。ここ最近は、今までのような利益率の確保も困難となり3期連続大幅赤字の状態です。

<今回の取上げ経緯>
　3期連続の赤字決算により従来高水準だった手許資金が減少しました。このため、返済が進んだ過去の運転資金の復元により50百万円の融資申し出がありました。

<担当者の考え方>
　3期連続の赤字となるとさすがに融資を行うことは難しくなります。しかしK社の場合、その製品の信頼性は高く官公庁主体に安定的な受注

第4章　対話で理解する融資稟議の実際

が確保できる体制が、過去に構築されていました。

　今回の申し出にあたり、とにかく今後の受注可能性を徹底的にK社に確認し、そのうえで今期は黒字転換が見込めるのなら、融資を前向きに検討したい考えでした。

＜社長との交渉過程＞

担当者：3期連続の赤字となると、今後の見込みの状況確認が必要になります。そこで足許の受注状況と今後の受注見込みについて教えていただけませんか？

社　長：もちろんです。現在すでに受注しているものはこれです。そしてこちらがその契約書です。また、今後の見込みは資料の通りです。現在も話をしている最中ですが、今までの経緯からこれらはほぼ受注できると考えています。

担当者：これらが全部受注できたとすると、今期の決算はどのようになりますか？

社　長：売上は前期並みで変わらないと思います。ただ採算が大幅に向上しますので、最終的には10百万円程度の黒字に転換すると思っています。

担当者：それはよろしいですね。今後受注が確定したものはその都度、契約書の写しをいただけますか？

社　長：分かりました。ただ取扱いには十分注意してください。

担当者：はい。もちろんです。

＜上司との事前協議＞

担当者：K社は残念ながら3期連続の大幅赤字ですが、今期は黒字転換となる見込みです。

上　司：その根拠は？

117

担当者：先日、社長と今期の受注済み案件と今後の受注見込み案件
　　　　について話をしてきました。今後の受注見込み案件につい
　　　　てはまだ交渉途中にあり、最終的に受注が確定したわけで
　　　　はないのですが、受注予定先とのやり取りや記録を見る限
　　　　り、受注はほぼ間違いないと感じました。

上　司：なるほど。確かにＫ社の製品は信頼性が高いから、引き合
　　　　いも多いのだろうね。それで契約書の写しなどエビデンス
　　　　はもらえるの？　赤字が続いている先だから、できる限り
　　　　揃えておいたほうがいいからね。

担当者：すでに受注済みの契約書の写しはもらっています。受注見
　　　　込みのものについては契約後、速やかにもらうことで了解
　　　　をもらいました。

上　司：分かった。ところで保全はどうする？

担当者：今回50百万円の申し出ですが、他の金融機関にある定期預
　　　　金を全部集めてもらうと全部で20百万円になります。それ
　　　　を正式担保としていただきますので、無担保扱いは30百万
　　　　円となります。

上　司：分かった。今期黒字転換するということが今回の取上げの
　　　　拠り所となるから、そのあたりはしっかり頼むな。

担当者：分かりました。

＜稟議書の記載内容＞

債務者の概況

　官公庁を主な受注先に持つ精密機器販売業者。設立以来安定した業
績を維持してきたが、昨今は競争の激化等により受注の減少と採算
低下に遭遇し、3期連続の赤字決算と低迷。ただし今期は受注回復
とともに採算改善傾向が見られ、黒字転換の見込み。

第4章　対話で理解する融資稟議の実際

資金使途

経常運転資金。原材料などの仕入資金に主に充当。

融資形態・条件

証貸、金額50百万円、期間3年、利率1.975％。

保全

今回定期預金担保を20百万円取り受け。本件後30百万円の保全不足
となるが、取引振りは全体の約7割が当行に集約されており、ここ
半年の当行預金平残は80百万円。

資金調達余力

法人には担保余力がある物件はなし。代取個人においては自宅不動
産を有するも、住宅ローンがあり担保余力は認められないもの。
マル保は半年前に限度額一杯まで利用しており、現状ではまだ保証
余力はないもの。

狙い

取引振りの約7割が当行に集約されている主力先。前期まで厳しい
決算が続いていたが、今期は受注の回復などにより黒字転換見込み。
官公庁主体に安定した販路を持つ先柄でもあり本件主力行として支
援いたしたい。

＜稟議のポイント＞

　連続して赤字決算先への融資は、資金繰りの補填という後ろ向きの融
資であることが多く、当然回収リスクが高いことを覚悟しなければなり
ません。

　したがって、本件のような稟議の最大のポイントは、今後黒字回復が
見込めることを検証することになります。そして黒字回復が確実に見込
めることの具体的材料を、可能な限り揃えて訴える必要があります。

　ただ、「今期は売上が回復しており黒字が見込める」といった具体性
に欠けるものでは耐えられません。稟議を起案する前に黒字回復の具体
的材料を集め、それを基に検証して初めて稟議が可能となります。

119

事例12：主力先L社からの工事つなぎ資金の申し出

<債務者の概況>

(単位：百万円)

	3期前	2期前	1期前
売上高	850	835	855
経常利益	5	3	5
自己資本	54	54	55
総借入金	350	380	400

　L社は内装工事業者。現在の社長は2代目で、設立以来30年の業歴を有する先柄。当行は設立以来の取引先で圧倒的主力先です。

<今回の取上げ経緯>

　今回L社としては久しぶりに大型の工事を受注。これに伴い資金の立替が30百万円程度発生することから、運転資金の申し出がありました。

<担当者の考え方>

　当行との取引歴が長く圧倒的な主力の位置付けのため、L社の資金繰りを支える責任ある立場です。しかし、L社にはすでに無担保で100百万円を超える融資を行っており、これ以上の無担保融資は困難な状況です。本件の申し出は原則として対応が難しいとの考えですが、L社からの要請は強いものがあります。

第4章　対話で理解する融資稟議の実際

＜社長との交渉過程＞

担当者：今回、大型の工事を受注されたのですね。

社　長：そうです。こんな大型の受注は何年ぶりかな。融資、頼みますね。

担当者：すでにご存じの通り、当行はすでに100百万円を超える無担保融資を実行しています。これ以上の無担保扱いは正直、非常に難しい状況です。何か担保になるようなものはありませんか？

社　長：ないなぁ。あったらもう出しているよ。融資が受けられないと工事の受注そのものができなくなる。何とかお願いしますよ。

担当者：と言われてもすでに多額の支援をさせていただいていますので、どうすればいいですか。

社　長：そんなこと言わないでよ。今回の受注先は新規先で、あなたも知っている大きな会社だよ。これが取れれば今後も受注が見込めるから、何とかして取りたいですよ。分かってください。

担当者：お気持ちは分かりますが…。

社　長：今後も受注が取れれば、だいぶ当社も楽になるんです。何とか助けてくださいよ。御行とは長いつきあいじゃないですか。

担当者：それはそうですが…。工事の契約書はありますか？

社　長：来週契約予定だから今はないですよ。

担当者：それでは何か契約内容が分かるものはありますか？

社　長：契約書のひな形ならあるけど。

担当者：工事の期間は半年で、来年3月末に工事が終了し4月末には代金が入金になるようですね。

121

社　　長：そのようです。

担当者：できるかどうか分かりませんが、工事代金入金までのつな
　　　　ぎ資金として検討したいと思いますが、いいですか？

社　　長：それは任せるよ。

担当者：工事代金は4月末の入金予定ですが、念のため、融資期日
　　　　を5月末、つまり今から7ヵ月の短期融資で検討します。
　　　　工事代金はもちろん当行の口座に入金いただきます。

社　　長：そうするつもりだよ。

担当者：間違いなく当行の口座を入金指定口座にしてください。万
　　　　が一他行さんの口座に入金になったら、今後のお取引は難
　　　　しくなるかもしれませんよ。

社　　長：それは約束します。

担当者：融資の期日は5月末としますが、工事代金が入金となれば
　　　　すぐ返済してください。

社　　長：分かった。そのようにするからよろしく頼みます。

＜上司との事前協議＞

担当者：L社より工事のつなぎ資金として30百万円の申し出があり
　　　　ます。今回の受注は新規先からのもので、今後の継続的な
　　　　受注も期待できることから、ぜひともお願いしたいと強く
　　　　希望しています。

上　　司：あれ、すでに結構な額を無担保で貸してなかった？

担当者：そうです。現在、無担保扱いで110百万円ほどの融資が出
　　　　ています。

上　　司：そんなに出ていたら厳しいな。

担当者：私も社長には容易ではない旨をお伝えしているのですが、
　　　　重要な契約だからぜひと繰り返し強い申し出なのです。

第4章　対話で理解する融資稟議の実際

上　司：困ったな。確かに長い主力先ではあるが、できることとできないことがあるからな。担当者としてはどうするつもりなの？

担当者：先ほどもお話ししたように今回の受注先は新規先の上場企業です。この工事実績が認められれば、この会社からの受注が見込まれるので、Ｌ社にはとても大切な契約になると思います。社長から強い依頼を受けているので、今回は工事代金回収までのつなぎ資金として短期で検討できないかと考えています。

上　司：そうだな。検討できるとしたらそれしかないな。

担当者：はい、そう思います。

上　司：契約書とかはもうあるの？

担当者：来週契約予定と聞いています。

上　司：分かっていると思うけど、その工事代金は当行に入るようにするよね。

担当者：それは社長に念押しして了解をもらっています。

上　司：それじゃ、厳しいけれど稟議を上げて。

担当者：はい。分かりました。

＜稟議書の記載内容＞

債務者の概況

長い業歴を有する内装工事業者。工事受注基盤は確立されており、ここ最近の業績は無難推移中。
当社の受注工事は比較的工期が長いものが多く、このため立替負担が大。それを借入金で賄っているため借入総額が多い状態。

資金使途

受注工事代金回収までのつなぎ資金。

123

融資形態・条件

手貸、金額30百万円、期間7ヵ月の一括返済、利率1.975％。

保全

本件全額無担保扱い。受注先は上場企業であり信用面に不安はない先。工事代金回収までの短期つなぎであり無担保扱いを許容。

資金調達余力

法人には担保余力がある物件はなし。代取個人においては自宅不動産を有するも住宅ローンがあり担保余力は認められないもの。
マル保はすでに限度額一杯まで利用中であり、現状では保証余力はないもの。

狙い

設立以来の長年の当行主力先。今回当社としては新規先となる上場企業から大型の工事を受注。今後この上場企業からの継続的な受注が期待でき、当社の業績への寄与が期待できるもの。今回工事代金回収までの短期つなぎ資金でもあり、主力行として支援いたしたい。

＜稟議のポイント＞

　本件のようなつなぎ資金は、文字通り一時的に資金繰りをつなぐために行うものです。したがって、稟議のポイントは工事代金回収のような返済原資が確実であり、それがいつ入金となるのかを確実に把握したうえで行うことが大切です。もちろん入金口座は自行の口座でなければなりません。工事契約書の写しを入手して、回収条件やその時期をきちんと把握したうえで、稟議起案を行うことになります。

第4章 対話で理解する融資稟議の実際

事例13：下位の取引先M社への設備資金の提案

＜債務者の概況＞

(単位：百万円)

	3期前	2期前	1期前
売上高	535	553	565
経常利益	5	6	6
自己資本	254	257	259
総借入金	350	335	340

　M社は鉱物資源の加工業者。創業は明治期と業歴は極めて長く、国内に工場を2つ持ち、その設備投資負担から借入れが多い財務体質です。ただし、販売先は大手先中心に安定した販路を確立している先柄です。

＜今回の取上げ経緯＞

　当行は下位の取引地位であり少額な運転資金の融資のみです。業歴が長く安定した取引先として設備資金の取上げによる長期融資を提案していました。今般、工場内の設備更新の話を聞き、設備資金の融資を提案しているものです。

＜担当者の考え方＞

　M社は設備投資負担から借入れが過多の体質にあるものの、業歴が極めて長く販路も安定しています。主力行の積極支援方針も明確であり、

125

今回、核となる融資を行うことにより取引シェアを上げていきたい先柄です。

＜社長との交渉過程＞

担当者：今回、待ちに待った設備投資をされるのですね。

社　長：そうです。工場のボイラーを買い換えるのです。このボイラーはもう20年以上使っていて効率も悪くなってきています。買い替え時かと思っていたところ、国から補助金をもらえるというので決断しました。

担当者：いくらくらいかかるのですか？

社　長：ボイラー自体は70百万円ほどです。設置工事費用等も含めると総額80百万円ほどの投資になります。ただ国から20百万円の補助金が出ますので、当社の負担は60百万円になります。

担当者：その資金ですが、今回はぜひ当行で検討させてください。

社　長：大丈夫ですか？　担保などはないですよ。主力行にたくさん取られていますから…。

担当者：全額無担保のプロパーですと正直厳しいかなと思います。そこでプロパーとマル保融資のセットで検討させていただけないでしょうか。具体的にはプロパー30百万円、マル保30百万円です。

社　長：マル保は出るかな。すでに結構使っているけど。

担当者：信用保証協会には相談していますので大丈夫です。もちろん正式な審査はこれからですが…。

社　長：そうですか。前々からお宅からは熱心に言われているから、今回は頼もうかな。

担当者：ぜひお願いします。

第4章　対話で理解する融資稟議の実際

社　　長：分かりました。それでは御行に頼みます。必要な資料は言
　　　　　ってもらえれば、何でもお出しします。
担当者：ありがとうございます。

＜上司との事前協議＞

担当者：今回、M社に設備投資案件があります。設備投資の総額は
　　　　　80百万円で、うち60百万円を借入れで調達する計画です。
上　　司：いいじゃないか。あそこにはぜひ長期を入れたいから。工
　　　　　場は担保にもらえるの？
担当者：工場にはすでに主力行が担保を設定されており、担保余力
　　　　　はありません。
上　　司：そうすると全額無担保となるのか？
担当者：そこで今回は、プロパーとマル保の協調融資で組み立てを
　　　　　考えています。
上　　司：それでマル保は出るの？
担当者：協会には先日事前相談に行ってきました。うちがプロパー
　　　　　で30百万円を出すのなら、30百万円の保証は検討可能と言
　　　　　っていました。
上　　司：それならいいな。すぐに稟議を上げて。
担当者：分かりました。

＜稟議書の記載内容＞

債務者の概況

　明治期に創業している業歴の長い鉱物資源の加工業者。大手先主体
に販路は確立されており、毎期の業績は安定推移中。
　問題点としては工場の設備投資を借入れにより賄っているため借入
過多の体質であること。

127

資金使途

主力工場内のボイラー更新投資資金。

融資形態・条件

証貸、金額30百万円、期間7年の分割返済、利率1.775％。
マル保、金額30百万円、期間7年の分割返済、利率1.475％。

保全

本件全額無担保扱い。業歴長く業績も安定推移中。主力行はじめ他
の金融機関も積極対応しており当面資金面に不安はないもの。

資金調達余力

法人には工場の所有不動産があるが、他の金融機関の担保設定によ
り担保余力はなし。代取は自宅不動産を有するも住宅ローンがあり、
担保余力なし。
マル保は今回同時に30百万円実行予定。

狙い

今回当社としては久しぶりの設備投資案件。今回マル保とのセット
にてこの設備資金の融資を対応いたしたいもの。これを機に取引振
りの拡大を図り取引メリットを追求したい。

＜稟議のポイント＞

　設備資金の案件です。設備投資は取引先にとって将来の業績を左右す
る大きな経営判断に基づくものです。

　大切な経営案件に融資という形でお手伝いをすることは、取引先との
関係を太くするという意義があります。また、頻繁に発生する案件では
ないため、ぜひ採り上げたいケースです。設備資金の融資は長期間にな
ることが一般的ですから、稟議のカギは今後の収益見込みと保全の検証
になります。

　今回の案件は不動産等担保物件がないため、マル保融資とのセットに
より保全不足のリスクを減少させたことがポイントでした。

第4章　対話で理解する融資稟議の実際

事例14：Ｎ社から収益物件取得資金の申し出

<債務者の概況>

(単位：百万円)

	3期前	2期前	1期前
売上高	980	1,250	1,345
経常利益	35	65	85
自己資本	85	115	160
総借入金	780	850	888

　Ｎ社は関東地区の不動産物件の売買を手掛ける不動産業者。代取の前職での経験を生かして積極展開をしており、設立して10年あまりですが、業績順調に推移中の先柄です。

<今回の取上げ経緯>

　当行はＮ社の短期不動産プロジェクトへの融資を中心に対応してきましたが、自社で収益物件の購入・保有もしており、前々から長期案件への支援を申し入れていたものです。今回具体的な購入物件が見つかり当行への案件相談に至りました。

<担当者の考え方>

　当行は短期プロジェクト対応の融資が取引の中心です。このため融資期間も比較的短期であり、取引メリットが事務負担の割には少ないもの

そこで、取引の核となる長期案件への対応を前々から声掛けしており、今回申し出に至ったものです。安定した融資資産の構築が図れるため、積極的に対応したい考えです。

＜社長との交渉過程＞

担当者：今回はお声掛けいただきありがとうございます。先日いただいた物件資料を基に担保評価をしているところです。簡易評価では購入価格の200百万円を上回る結果でしたので、積極的に検討させていただきたいと考えています。

社　長：よろしくお願いします。御行には短期の案件でお世話になっていますが、今回のような長期案件もやってもらえると助かります。

担当者：そう言っていただくと嬉しいです。さっそく具体的な検討をいたしますが、収支計画などは作成されていますか？

社　長：すでにできています。こちらをお持ちください。

担当者：どうもありがとうございます。

社　長：そこで融資期間は20年でお願いしたいのですが、大丈夫ですか？

担当者：その点はご相談なのですが、今回購入される建物の法定耐用年数は17年となっています。原則として私どもの融資期間は残存の法定耐用年数の範囲内としていますので、融資期間は17年で検討させていただけませんか？

社　長：17年なら大差ないのでいいですよ。お渡しした収支計画は融資期間20年で作っているので、直した方がいいですか？

担当者：それは結構です。こちらの方で修正して検討材料とさせていただきますから…。

社　長：それは助かります。

第4章 対話で理解する融資稟議の実際

担当者：売買は来月下旬ですよね。今から1ヵ月ほど時間があるので、稟議なども十分に間に合うと思います。途中で分からないことがあったら、またお問い合わせします。

社　長：承知しました。

＜上司との事前協議＞

担当者：N社より収益物件購入の案件を受けました。現在、正式な担保評価の手続き中ですが、簡易の評価では担保は充足する水準です。

上　司：収支はどうなの？

担当者：入居率100％だと収支に余裕が出てきますが、入居率80％だとぎりぎりの状態です。

上　司：返済余力はあるの？

担当者：N社はすでに5物件の収益物件を保有しています。これらの収支実績の資料をもらったのですが、これを見ると年間20百万円ほどの返済余力が生じています。

上　司：そうすると、本件で収支が仮にマイナスになったとしても返済はできるということだな。

担当者：そう考えています。

上　司：ところでこの物件はもう見たの？

担当者：まだですが。明後日確認に行くつもりです。

上　司：私も確認したいので、一緒に行こう。

担当者：ありがとうございます。

上　司：だいたい分かったので進めていいよ。ただ、収支状況などの資料はしっかりと作成しておいてくれ。

担当者：分かりました。

＜稟議書の記載内容＞

債務者の概況

関東地区の不動産売買を手掛ける不動産業者。代取の前職からの経験を生かして順調に業績は伸展中。

資金使途

収益不動産物件の購入資金。

融資形態・条件

証貸、金額200百万円、期間17年の分割返済、利率2.1％。

保全

購入不動産に第1順位で根抵当権200百万円を設定。担保価格は160百万円である40百万円の保全不足となるが、時価ベースでは保全充足するもの。

資金調達余力

法人に複数の所有不動産あり。時価ベースで300百万円ほどの担保余力が認められるもの。
マル保はプロジェクトの案件単位にて保証余力あり。

狙い

業績順調な不動産業者として従前より取引の拡大を図っていたもの。今回収益物件の購入であるが収益計画にも問題なく安定した長期融資として積極的に対応いたしたい。

＜稟議のポイント＞

　賃貸用不動産に代表される収益物件の取得資金融資においては、収支見込みの検証が最大のポイントです。

　この場合、返済原資は当該物件から得られる賃料になりますから、返済可能な収支が見込まれるのかどうかが大切です。そこで、取引先から収支見込みの資料をもらったうえで、収支計画が実現可能なものかどうかを近隣の状況などを調査し、返済可能性を検証する必要があります。

事例15：O社から短期不動産プロジェクト融資の申し出

<債務者の概況>

(単位：百万円)

	3期前	2期前	1期前
売上高	1,350	1,405	1,390
経常利益	85	95	90
自己資本	355	400	440
総借入金	780	730	640

　O社は関東地区の不動産物件の売買を手掛ける不動産業者。短期不動産プロジェクトが中心ですが、収益物件を20棟ほど保有しており、その賃料収入が年間300百万円ほどで、安定した収益源を確保しています。

<今回の取上げ経緯>

　O社は個人向けの住宅不動産の売買を積極的に展開。プロジェクトは短期で収束しており、長期化しているものはないなど案件を厳選して取り扱っている先柄です。当行も安心できる優良な不動産業者として、常日頃から案件の持ち込みを依頼していたところ、今回2区画の個人住宅向け不動産の購入案件の相談に至りました。

<担当者の考え方>

　O社の取扱い物件は優良なものが多く、購入価格も常に当行の担保評

価額を下回るなど安心できる不動産業者です。本件は東京都内の人気の
ある住宅地区内の案件であり、積極対応方針です。

＜社長との交渉過程＞

担当者：ご相談いただきありがとうございます。今回の物件も素晴
　　　　らしい立地ですね。

社　長：ありがとうございます。

担当者：今回の購入価格は100百万円と伺っていますが、当行の担
　　　　保評価は150百万円でした。さすがです。

社　長：当社はとにかく足で営業をしています。具体的には駅前の
　　　　小さな不動産屋さんを含めて、地道に地元の業者周りをし
　　　　て優良物件の紹介をお願いしています。そうして人間関係
　　　　ができてくると、おいしい物件も紹介してくれるんです。

担当者：そんな優良な案件を当行にご相談いただき、ありがとうご
　　　　ざいます。購入した更地を2区画にして建築条件付きで販
　　　　売されるご計画ですよね。

社　長：そうです。1区画だと価格が高くなるので、買える人が限
　　　　定されてしまいます。2区画にすれば手ごろな価格となり、
　　　　普通のサラリーマンでも購入できる水準となります。

担当者：なるほどですね。今回も人気のある住宅地区ですから、す
　　　　ぐに売れそうですね。

社　長：たぶんそうなると思います。うちはあまり長い期間のプロ
　　　　ジェクトはやりません。3ヵ月以内の販売を原則としてい
　　　　ます。長くても半年です。

担当者：実際、御社のプロジェクトの回転は3ヵ月程度ですからね。

社　長：長くなると価格を下げて販売せざるを得なくなり、いいこ
　　　　とは一つもないですから。

第4章　対話で理解する融資稟議の実際

担当者：分かりました。売買の予定は来月の中旬でしたね。間に合うように準備します。稟議にあたり今回の販売計画と商品在庫の一覧、それに直近の試算表をお願いします。

社　長：お手数をおかけしますが、よろしくお願いします。

<上司との事前協議>

担当者：今回、Ｏ社より２区画の住宅不動産の購入案件をもらいました。担保評価はすでに出ており150百万円です。それに対して今回の仕入価格は100百万円です。

上　司：ほとんどの案件がうちの担保評価以下で仕入れている点はさすがだね。

担当者：物件の所在地も人気のある地区です。

上　司：本当だな。ここならすぐに売れるだろう。

担当者：明日、現地確認をしてきますので、そのうえで稟議を上げようと思っています。

上　司：了解した。よろしく頼む。

<稟議書の記載内容>

債務者の概況

関東地区の不動産売買を手掛ける不動産業者。住宅地案件を中心に手掛けており、既存のプロジェクトで長期化しているものはなし。また自社で収益物件を20件ほど保有しており、この賃料収入が年間300百万円ほどとなって当社の安定した収益源となっている。

資金使途

住宅用地としての商品不動産購入資金。

融資形態・条件

証貸、金額100百万円、期間１年の一括返済、利率2.1％。

135

保全

購入不動産に第1順位の抵当権100百万円を設定。担保価格は150百万円で保全充足するもの。

資金調達余力

法人に複数の所有不動産あり。時価ベースで200百万円ほどの担保余力が認められるもの。
マル保はプロジェクトの案件単位にて保証余力あり。

狙い

人気のある地区に所在する住宅用地の購入案件。立地環境も良好であり販売予定価格も無難なもの。短期間の収束が期待できる優良なプロジェクト案件と思料。本件積極対応いたしたい。

＜稟議のポイント＞

　短期の不動産プロジェクト融資においては、その不動産の売却可能性と既存のプロジェクト同様の検証が重要です。

　短期案件にかかわらず、不動産案件は必ず現地を実際の目で見て、自分の感覚で売れるかどうかを確認しなければなりません。そうでないと、説得力のある稟議書を書くことはできません。

　いくらでのその不動産を売却する計画なのか、その価格は最近の近隣事例と比較して妥当性はあるのかなど、売却可能性について稟議書には必ず記載する必要があります。

　そして本件以外のプロジェクトの状況についても確認し、稟議書に記載しておきましょう。特に1年以上が経過してもまだ未売却のプロジェクトがないかを確認します。

　長期化しているプロジェクトがあると、処分のために赤字で売却を余儀なくされることが少なくなく、そうすると取引先の損益面ばかりでなく資金繰りにも悪影響を及ぼすからです。

事例16：Ｐ社から販売収益物件プロジェクト融資の申し出

<債務者の概況>

(単位：百万円)

	3期前	2期前	1期前
売上高	1,210	1,050	1,230
経常利益	55	45	57
自己資本	285	315	340
総借入金	550	445	505

　Ｐ社は関東地区の不動産物件の売買を手掛ける不動産業者。主に一棟の収益マンションなど個人投資家向けの販売を行っています。仕入れ・販売状況も順調に推移しており、これに伴い業績も安定推移しています。

<今回の取上げ経緯>

　近隣の不動産業者で当行主力先です。主要取引金融機関は当行を含めて３つ。順番にプロジェクト案件を持ち込んであり、今回はその順番で当行に案件相談があったものです。

<担当者の考え方>

　Ｐ社は短期で収束しているプロジェクトが大半であり、当行も案件相談時には積極的に対応している先です。前回プロジェクトが返済となった時期でもあるので本件は積極対応する考えです。

＜社長との交渉過程＞

担当者：今回ご相談いただきありがとうございます。やはり今回も
　　　　投資家向けの不動産案件ですね。

社　長：そうです。郊外にある一棟収益マンションです。全部で30
　　　　室あり、今は２部屋が空室になっていたと思います。今回
　　　　は投資家向けに販売するのではなく、幹線道路に面して敷
　　　　地が広く空スペースがあるので、飲食店を誘致して付加価
　　　　値がつけられないかと考えています。

担当者：付加価値をつけていただくのは助かります。というのは、
　　　　付加価値をつけずに投資家向けの販売となると、転売とみ
　　　　なしてしまうケースがあるからです。不動産の転売資金に
　　　　は原則対応していないので、やりにくくなるのです。

社　長：転売だと対応しづらいのですね。今回は外装のリフォーム
　　　　だけでも20百万円ほどかけるので大丈夫でしょう。

担当者：分かりました。ところで今回の購入価格は250百万円でし
　　　　たね。現在、担保評価の最中なので、結果が出たらご相談
　　　　させていただきます。

社　長：売買を来月上旬に予定しており時間が３週間くらいしかあ
　　　　りませんが、どうかよろしくお願いします。

担当者：間に合うように準備を進めます。毎度のお願いで恐縮です
　　　　が、また現在のプロジェクトの一覧表と直近の試算表、そ
　　　　れと今回のプロジェクトの販売計画の資料をお願いします。

社　長：分かりました。午後に届けさせます。

社　長：ありがとうございます。

＜上司との事前協議＞

担当者：Ｐ社からいつもの投資家向け販売用の一棟収益マンション

138

購入案件の相談を受けています。購入価格は250百万円です。外装のリフォームに20百万円ほどを費やし、投資家向けには320百万円ほどで販売する計画です。

上　司：その販売価格で購入した場合、利回りはどのくらいになるの？

担当者：おおむね5.5％程度です。

上　司：それほど高くないな。買う人がいるかな。

担当者：担保価格は180百万円ですので、担保価格ベースではおよそ70百万円の保全不足が生じます。時価ベースでは保全充足となります。

上　司：担保価格で保全充足といきたいところだけどな。長期プロジェクトの場合は厳しいが、今回は短期プロジェクトで時価の範囲内であれば良しとするか。

担当者：現在のプロジェクト一覧をもらいましたが、長期化しているものはありません。

上　司：分かった。売買は来月上旬だったな。あまり時間に余裕がないから急いで稟議を上げて。

担当者：はい。分かりました。

＜稟議書の記載内容＞

債務者の概況

関東地区の不動産売買を手掛ける不動産業者。一棟の収益マンションなど主に投資家向けの販売不動産のプロジェクトが中心。販売までの期間は短期を原則としており、足許の既存のプロジェクトで長期化しているものはなし。

資金使途

一棟収益マンションの購入資金。外装などリフォーム後に投資家向けの販売予定。

融資形態・条件

手貸、金額250百万円、期間1年の一括返済、利率1.7%。

保全

購入不動産に第1順位にて抵当権250百万円を設定。担保価格は180百万円であり70百万円の保全不足となるが、時価ベースでは保全充足。短期プロジェクトであり時価ベースでの保全充足を許容。

資金調達余力

法人に見るべき所有資産なし。代取は個人で自宅を有するも住宅ローンがあり、担保余力なし。
マル保はプロジェクトの案件単位にて保証余力あり。

狙い

投資家向けの販売予定の一棟収益マンションのプロジェクト資金。当行の既存のプロジェクトはすべて販売・完済となっているもの。時価ベースで保全充足が図れる案件でもあり本件対応いたしたい。

＜稟議のポイント＞

　不動産業者には投資家向けに収益物件を販売する先があります。金融機関はその収益物件の取得資金を支援するわけですが、本件のような案件では販売可能性の検証が欠かせません。

　販売計画を確認し、その価格が近隣相場の状況から妥当性のあるものなのかどうか、さらに投資家がその価格にて金融機関からローンを受ける可能性が高いのかを検証し、稟議書に記載します。

　また取引先が購入した後、どの程度のリフォームを予定しているのかも確認します。あまりにも小規模なリフォームの場合には、転売案件と考えることもできます。

　金融機関として転売案件は避けたいですから、どの程度購入した不動産に付加価値をつけて投資家向けに販売する計画なのかをきちんと確認し、稟議書に記載しておくことも必要です。

第4章　対話で理解する融資稟議の実際

事例17：安定推移先のQ社から納税資金の申し出

<債務者の概況>

(単位：百万円)

	3期前	2期前	1期前
売上高	560	540	570
経常利益	5	3	5
自己資本	35	36	37
総借入金	120	135	130

　Q社は鋼材の販売業者。関東地区中心に販路が確立されており、低利益ながらも業績は毎期安定推移中。当行は設立以来の主力行となっています。

<今回の取上げ経緯>

　今期は大きな販売契約が実現し、今期の着地見込みは売上650百万円、利益は10百万円程度となる見込み。納税が5百万円ほどになることから、今回初めて納税資金融資の申し出がありました。

<担当者の考え方>

　当行は主力行であり納税資金融資であれば短期融資となることから、今回の申し出には前向きに対応する考えです。

＜社長との交渉過程＞

担当者：今回はご相談いただきありがとうございます。納税額はい
　　　　くらくらいになるのですか？

社　長：法人税が３百万円、事業税が１百万円、それに消費税が
　　　　１百万円程度になると税理士から言われています。手許資
　　　　金で払えるけれど、受注が増えていて資金繰りが結構忙し
　　　　いので、今回初めて納税資金をお願いしたのです。

担当者：分かりました。ただ消費税部分は融資の対象外になります。

社　長：え、どうして？

担当者：消費税は販売先から御社が預かっているものです。そして
　　　　消費税の納税は預かっているものを納めるという考え方で
　　　　す。それを融資すると、理屈のうえでは本来御社が販売先
　　　　から預かっているものを、他に流用したことになってしま
　　　　います。金融機関はこのような理由から、消費税部分は融
　　　　資の対象外とさせてもらっているのです。

社　長：随分堅いなぁ…。実際、お客さんから預かった消費税を取
　　　　っているような先なんかあるの？

担当者：中にはきちんとプールしているところがありますが、実際
　　　　はそういう先は少数だと思います。

社　長：そうだと思うよ。運転資金に使っているところが多いんじ
　　　　ゃないの。ダメというなら仕方ないな。法人税と事業税の
　　　　合計４百万円の借入れとなるのかな。

担当者：そうですね。４百万円で検討させていただきます。なお、
　　　　融資は期間半年の分割返済となります。

社　長：えっ、半年？　随分と短いんだね。他の借入れは３年とか、
　　　　５年とか長期じゃない。

担当者：納税は６ヵ月後に納付されていると思います。６ヵ月後に

142

第4章　対話で理解する融資稟議の実際

　　　　　　は次の納税時期になります。その前に納税資金融資が終わ
　　　　　　るように設定させてもらっています。
　社　　長：そうすると、半年後にはまた納税資金を貸してくれるとい
　　　　　　うこと？
　担当者：もちろん検討させていただきます。

＜上司との事前協議＞

　担当者：今回Ｑ社から初めて納税資金の融資の申し出を受けました。
　上　　司：いくらなの？
　担当者：４百万円です。
　上　　司：４百万円？　そのくらい手許にないのかな？
　担当者：手許にはあるようです。ただ社長からは足許の受注が好調
　　　　　　で資金繰りが忙しいので、借りたいと言われています。
　上　　司：まあ、４百万円くらいならいいけど。受注が好調ならそっ
　　　　　　ちの運転資金を検討してもいいんじゃないか？
　担当者：そうですね。社長には今後の資金繰り状況を見て、必要な
　　　　　　らまた声をかけてくださいと伝えました。

＜稟議書の記載内容＞

債務者の概況

　鋼材の販売業者。関東地区を主体に販路は安定。最近はコスト上昇
の一方で販売価格は低迷しており採算性が低下。そのため売上は安
定しているものの、低収益性を余儀なくされている。

資金使途

　法人税３百万円、事業税１百万円、合計４百万円の納税資金。

融資形態・条件

　手貸、金額４百万円、期間半年の分割返済、利率1.65％。

143

保全

本件無担保扱い。納税資金として期間半年の短期融資でもあり無担保扱いを許容。

資金調達余力

法人に見るべき所有資産なし。代取は個人で自宅を有するも住宅ローンがあり、担保余力なし。
マル保は10百万円程度の保証余力あり。

狙い

納税資金融資。主力行として本件程度は支援いたしたい。

＜稟議のポイント＞

　納税資金は資金使途がはっきりしており、検討しやすい案件の一つです。納税資金の稟議の際には、納付書等で必要な納税額が実際いくらなのかを明確にしておくことが大切です。そうでないと、別の資金に流用されるおそれがあるからです。また過去に納税資金の融資実績があれば、その状況にも触れておきます。

＜関係者との事前協議の重要性＞

　今まで稟議書の書き方を中心に説明してきましたが、それぞれの事例で解説しているように、稟議書を作成する前には、支店長や融資課長などの関係者と事前協議を行います。稟議書はこの結果を踏まえたうえで作成すれば効率的です。

　事前協議により支店長などの関係者と問題点を含めて情報を共有しておくことが、その後の案件稟議をスムーズに運ぶことにつながります。担当先から融資の相談があったら、速やかに関係者と事前協議を行い、あらかた結論を出しておくことが大切です。

第 5 章

融資謝絶案件への対応

第5章　融資謝絶案件への対応

最終章では、筆者が対応したなかでも内容の芳しくない先、また融資を謝絶せざるを得ない先について紹介します。

債務者の状況などから、返済が不可能と思われる先や取引を開始する合理的な理由が見当たらない先などについて、どのように判断を下し対応するのかを学んでください。

事例1：決算内容が不芳な先

＜債務者の概況＞

（単位：百万円）

	3期前	2期前	1期前
売上高	358	299	227
経常利益	−1	−15	−21
自己資本	15	1	−5
総借入金	221	250	245

当社は自動車部品の輸出業。主に東南アジア向けの日本車のメンテナンス用の部品を輸出しています。ピーク時は年商が10億円を超えていましたが、最近では他国の安価な部品に市場を奪われ、年々事業内容が悪化しています。当行は設立以来の主力行です。

＜今回の交渉経緯＞

業績の悪化に伴い資金繰り状況も悪化。手許資金水準も毎月の支払い後にはほぼ底をついてしまうような状態。このため、主力行である当行に資金繰り支援の申し出がありました。

第5章　融資謝絶案件への対応

＜担当者の考え方＞

　当行は主力行として長年の取引経緯もあることから、本社不動産や社長自宅を担保に取り受けて、毎年のように追加融資により資金繰りを支援してきました。

　しかしながら、その後の業績の悪化に歯止めがかからない状態が続いており、そろそろ支援を打ち切る潮時ではないかと考えています。

＜社長との交渉過程＞

担当者：業績の回復を期待してここ数年毎年のように追加融資をさせていただいておりますが、残念ながら業績は年ごとに悪くなってしまうばかりです。真に今後どうされるおつもりですか？

社　長：いやー、厳しい状態が続いています。何とか契約を増やそうと現地の協力会社にもお願いして頑張ってはいるのですが、なかなか思うようにいきません。

担当者：社長、失礼な言い方ですが、そのような話はお会いするたびに伺っているような気がします。実際資金繰りも厳しいですよね。

社　長：それは厳しいですよ。売上が上がっていかないですからね。そこでまたお宅に融資をお願いしたいと思っています。お宅しか頼れるところはありませんし…。

担当者：当行はここ最近毎年、融資をさせていただきました。社長から今後の業績改善のお話を伺い、それを信頼して資金繰りのお手伝いを行ってきました。ところが残念ではありますが、業績は改善するどころか悪くなるばかりです。こちらとしても業績改善の見通しが持てないなかで、これ以上資金繰りのお手伝いをすることは困難です。

147

社　　長：それは困りますよ。実は資金繰りが厳しいから材料の仕入先への支払いも待ってもらっている状況です。そこには、お宅から融資を受けて支払うと言っているのです。融資が出なければ、そこに支払うこともできませんし、そうなれば今後仕入れを行うことが難しくなり、商売がストップしてしまいます。

担当者：支払先にも待ってもらっている状態なのですか？　それは初めて伺いました。そのようなお話を耳にすると、ますます追加融資は難しくなります。前にも一度申し上げましたが、社長は自宅の他に不動産をお持ちです。それを売却して負債を大幅に圧縮するなど、抜本的な打開策をそろそろ真剣にお考えにはなりませんか。当行も一緒に考えたいと思っています。

社　　長：不動産は妻との共有名義になっているので、妻にも話をしなければなりません。うちの妻にそのようなことは言えないので無理です。

担当者：奥さまにも一度お話をしていただきたいと思います。正直、これ以上の追加融資は、稟議を上げても難しいと考えています。ただ返済を据え置くなど、いわゆるリスケにより支援は可能かもしれません。

社　　長：リスケをしたら今後の追加融資は難しくなりますよね。それでは資金繰りが持たなくなりますよ。

担当者：かといって、先ほど申し上げましたように追加融資は困難だと考えています。仮に返済を１年間据え置くとしますと、年間の返済額約4,000万円の負担がなくなります。これは4,000万円を追加借入したのと資金繰り上では同じ効果となります。

第5章　融資謝絶案件への対応

社　長：考えてはみますけど、そうなると待ってもらっている取引
　　　　先に支払いができなくなります。困ったな…。

＜上司との協議＞

担当者：今回、同社より再度追加融資の相談を受けました。

上　司：無理だな。全然業績が改善してないじゃないか。改善する
　　　　からということでこの間も融資をしたけれど、逆に悪化し
　　　　ている。これ以上出せないよ。返ってくるあてもない融資
　　　　はこれ以上できない。

担当者：はい。私も同じような考えでしたので、社長には追加融資
　　　　は稟議をしても通らないと申し上げました。それに対して
　　　　社長は支払いを待ってもらっている仕入先に支払えないと
　　　　困っていました。

上　司：そのような状態であればなおさら、追加の融資などできる
　　　　わけがない。今後、社長は会社をどうするつもりなのかな。

担当者：そのことも聞いてはみましたが、総じて「頑張る」の一点
　　　　張りで、今後の具体的な話は出てきませんでした。

上　司：ダメだな、それは。

担当者：幸いにも当行の融資は不動産担保にて保全は充足していま
　　　　す。今回はリスケにより資金繰りを支援することで対応し
　　　　たいと思いますが…。

上　司：それでいいよ。またそれしかできないよ。結論を言います。
　　　　これ以上融資は回避。社長を一度呼んでください。私から
　　　　も言いますから。

＜今回のポイント＞

融資は返済してもらうことが大前提です。同社のように年々業績が悪

149

化しており、これに伴い資金繰りも非常に逼迫しているような状態では、担保のあるなしにかかわらず、通常に事業により融資を返済することは不可能です。

　返済が不可能なことが明白に分かっている状態で、追加融資をすることができません。また当社の社長も自社が置かれている実態を真正面から捉えていない気配すら感じさせます。

　支援を一切打ち切って、回収手段に出るという選択肢もありますが、長年の主力行という取引経緯も勘案し、今回はリスケによる金融支援という選択を取りました。

事例２：取引開始の合理的な理由がない先

＜債務者の概況＞

　現在はある鉄鋼関連事業の会社に勤めるサラリーマン。脱サラして女性の衣服をインターネットで販売する事業を起業予定。自宅も現在の勤務先も相談に来た支店とは遠い地域で、個人的に当行には預金口座もなし。

＜今回の交渉経緯＞

　脱サラして起業するということ自体は実際にありうることですから、特に問題はありません。そして、起業のための資金を借りること自体も自然です。

　問題は自宅も現在の勤務地もこの支店から遠いうえに、本人とこの地とは何の関係もないという点です。また現在の業務と起業して行う事業内容がまったく関係がないところも非常に気になる点です。

第5章　融資謝絶案件への対応

＜本人との交渉過程＞

担当者：今回は当行ご相談いただきありがとうございます。鉄鋼会
　　　　社から女性の衣服販売とは、またまったく新天地のように
　　　　感じられますが、どうなのでしょうか？

本　人：はい。実は妻が衣服に強い関心を持っていまして、私もそ
　　　　れにつられて徐々に関心を持ってしまうようになりまし
　　　　た。妻は衣服を通販で購入することが多く、いっそのこと
　　　　自分でもやってみようと考えたのです。

担当者：そうですか、奥様が衣服に強いご感心があったのですね。
　　　　素朴な疑問なのですが、現在は鉄鋼関係の会社にお勤めさ
　　　　れていますが、今回の通販事業にどこか関連するようなと
　　　　ころはありますか。

本　人：全然関係ないですね（笑）。鉄鋼会社では仕入れを主に担
　　　　当しておりました。会社でインターネットを使うくらいが
　　　　関係あるといえば関係があるところですかね。

担当者：よく脱サラをされて起業されるケースで多いのは、会社勤
　　　　めの延長線上のお仕事であったり、個人的に強い趣味から
　　　　派生することが多いのですが、お客様の場合はまったく関
　　　　係がないということで、すごいご決断ですね。

本　人：別に今の会社が嫌になったわけでもないのですが、何か新
　　　　しいことを始めたいと強く思ってしまいまして。

担当者：そうですか。ところで最初にお伺いしたいのですが、今回
　　　　私どもに相談いただいた理由はなぜですか。ご自宅も現在
　　　　のご勤務先もここから離れています。この付近には何か関
　　　　係でもあったのですか。

本　人：ここに来たのは実は初めてです。別にどこでもよかったの
　　　　ですが、新しいことを始めるには新しい地がいいかなと思

151

いまして…。

担当者：今後のご商売はご自宅で行われるのですね。

本　　人：そうです。事務所を借りるなどのお金もありませんし。

担当者：そうすると、ご自宅から遠いここでは何かと不便ではありませんか。

本　　人：今はネットでほとんどできますから、遠くても不便ではありません。

担当者：今日は今後の事業計画などをお持ちですか。

本　　人：はい、一応用意してきました。

担当者：ありがとうございます。では、本日のところはこの事業計画をお預かりしまして、検討をさせていただきます。後日当方より連絡をさせていただきますので、しばらくお待ちください。

本　　人：どれくらいかかりますか。

担当者：そうですね。1週間後をめどに何かしらの連絡はさせていただくつもりです。

本　　人：急いでいますのでなるべく早くしてもらうと助かります。よろしくお願いします。

＜上司との協議＞

担当者：少し不自然な融資相談を受けています。自宅も現在の勤務先の遠い個人の方から、現在の仕事とはまったく関係のない業務での資金相談です。

上　　司：家も勤務先の会社も遠いなあ。うちに相談に来た理由がまったく分からないな。

担当者：そうなのです。本人に確認したのですが、新しいことを始めるので見ず知らずの地がいいとか…。

第5章　融資謝絶案件への対応

上　司：それに鉄鋼と女性衣服販売とはまったく関係がないな。あやしいぞ。

担当者：申込みの動機を含めて不自然ですし、分からないことばかりです。本日事業計画を預かってきましたが、今後の展開がどうなるのか予想がつきません。

上　司：謝絶でいいよ。うちに相談きた合理的な理由がないし、今後の事業の見通しがまったく分からない。

担当者：私も同じ考えです。ある程度の事業の実績が見えないと検討が難しいという趣旨の理由でお断りします。

上　司：それでいい。

＜今回のポイント＞

　今回のポイントは申込みの動機が不自然だという一点につきます。当地に相談に来た合理的な理由がありませんし、またいくら奥さんが衣服に強い関心があるからといって、脱サラして起業するというのにも納得できる理由がありません。

　平たい言葉で言えば「とても怖くて取引などできない」ということです。通常、起業するケースで資金相談をする際には、何かしらつながりのある金融機関に相談したりするものです。

　起業する理由を含めて合理的な理由がないと踏み込んだ判断はできません。

事例３：業務内容が不芳な先

＜債務者の概況＞

　起業して２年ほどの個人事業主。業務内容としては不動産売買の「口

153

利き屋」。不動産を買いたいという一般法人や個人の依頼を受けて、売主を探してくるというものです。そして売買が成立すれば双方から紹介料を受け取る内容です。

＜今回の交渉経緯＞

　不動産の売買の橋渡しの業務自体は仲介業として存在しています。しかし、今回のケースではまったく個人的な口利きをしているだけで、仲介業務を行う宅地建物取扱いの免許も取得していません。

　きちんとして仲介業務に伴うものであれば検討は可能ですが、個人的な口利き業務に伴う資金を支援することは困難です。

＜本人との交渉過程＞

担当者：この度は相談にお越しいただき、ありがとうございます。
　　　　今行われているお仕事はもう長いのですか。

本　人：本格的に取り組み始めたのは２年ほど前からです。それまでは大手の不動産会社に勤めていました。そこで得たノウハウを生かして現在の仕事をするようになりました。

担当者：仲介業務とはまた違うのですか。

本　人：実質的には仲介業務のようなものですが、私はそれができる資格を持っていません。また現実問題として、なかなか仲介会社が取り扱うのがいろいろな面で難しい不動産というのもあるのです。それを私は専門的に取り扱っています。

担当者：なるほどですね。ところで今回のご融資の相談の要因はどういうところにあるのですか。実質的な仲介業務ということであれば、基本的には運転資金などは必要ないかと思いますが…。

本　人：実はある地主から不動産を手放したいという相談を受けて

第5章　融資謝絶案件への対応

います。どうもその地主さんは資金的に必要なことがあるらしく、急いでいます。買主はこれから探すのですが、地主さんが急いでいるのでとりあえず資金の一部を私が立て替えようと考えています。そのための資金をお願いしたいのです。不動産は良い物件であり必ず買主が見つかります。ですからすぐに返済はできると思います。あくまでも一時的な資金をお願いしたいのです。

担当者：資金が必要な理由は分かりました。しかし立替ということですと、私どもは売主さんがお客様が貸す資金を融資することになります。いわゆる転貸資金です。残念ながら転貸資金を融資することは困難です。

本　人：ダメですか。先ほど説明したようにこの不動産はすぐに売却できます。そしてすぐに返済できますから、お宅にも迷惑はかけません。立て替えないとこの売却案件の取扱いが難しくなるのです。

担当者：ご事情は分かりますが、繰り返しですが転貸資金を融資することはできません。

本　人：どうしてもダメですか。

担当者：お役に立てず申し訳ありません。

＜上司との協議＞

上　司：個人で不動産売買の口利きを行って、口利き料をもらうなんで実際には存在するとは思うが、それに付随する資金を私たちが融資することはできないな。

担当者：実はご本人には前回相談を受けた際に、すでにお断りをしています。

上　司：それでいい。分かっていると思うが、金融機関は社会性・

155

公共性を順守する必要がある。不動産売買の口利きが反社会的とは思わないが、それであれば堂々と仲介業務を営めばいいんだよ。それであれば私らもお手伝いすることができる。

担当者：そうですよね。

上　司：もう断ったんだよね。それでいい。時間がもったいない。以上。

＜今回のポイント＞

　不動産売買の口利きというのは実際には存在するのだと思いますが、一方で何か怪しげな雰囲気があるのも事実です。

　私たち金融機関というのは社会性・公共性に即した対応が求められます。もしこの口利き業務に資金支援をした後、何かしらのトラブルが当事者間で発生した場合、融資という支援をしているということで私たち金融機関がトラブルに巻き込まれてしまう可能性があります。

　そのような可能性のある案件は回避すべきなのです。

MEMO

MEMO

MEMO

●著者略歴●

井村 清志（いむら・きよし）

1965年生まれ。

大学卒業後、現在のメガバンクに入行し、現在までほぼ一貫して大企業
向けおよび中小零細企業向けに融資業務を担当。営業担当から融資審
査、融資管理担当まで幅広い融資業務に従事。

事例で学ぶ 融資稟議の進め方

平成28年2月24日　初版発行
平成30年7月30日　第2刷発行

著　者───────井村　清志
発行者───────楠　真一郎
発　行───────株式会社近代セールス社

　　　　　　　　　〒164-8640　東京都中野区中央1-13-9
　　　　　　　　　電　話　03-3366-5701
　　　　　　　　　FAX　03-3366-2706

印刷・製本───────株式会社アド・ティーエフ
デザイン・イラスト─与儀勝美

© 2016 Kiyoshi Imura

本書の一部あるいは全部を無断で複写・複製あるいは転載することは、法律で定めら
れた場合を除き著作権の侵害になります。

ISBN978-4-7650-2021-3